DANS LA MÊME COLLECTION

La philosophie de Thomas d'Aquin, par Ruedi Imbach et Adriano Oliva, 2009.

La philosophie de Francis Bacon, par Michel Malherbe, 2011.

La philosophie de Bergson, par Anne-Claire Désesquelles, 2011.

La philosophie de Nelson Goodman, par Jacques Morizot et Roger Pouivet, 2011.

La philosophie de Raymond Ruyer, par Fabrice Louis et Jean-Pierre Louis, 2014.

La philosophie de John Dewey, par Stéphane Madelrieux, 2016.

La philosophie de Descartes, par Denis Moreau, 2016.

La philosophie de Kant, par Antoine Grandjean, 2016.

La philosophie de Hobbes, par Philippe Crignon, 2017.

La philosophie de Schelling, par Patrick Cerutti, 2019.

A paraître

La philosophie de Fichte, par Laurent Guyot.

La philosophie de Sartre, par Philippe Cabestan.

LA PHILOSOPHIE DE WITTGENSTEIN

REPÈRES

REPÈRES PHILOSOPHIQUES
Directrice : Éléonore Le Jallé

LA PHILOSOPHIE DE WITTGENSTEIN

REPÈRES

par

Mélika OUELBANI

PARIS
LIBRAIRIE PHILOSOPHIQUE J. VRIN
6 place de la Sorbonne, V e

2019

Imprimé en France
ISSN 2105-0279
ISBN 978-2-7116-2884-1
www.vrin.fr

ABRÉVIATIONS

BT	*The Big Typescript*, Wiener Ausgabe, B11. La référence est suivie du chapitre et de la page.
C	*Carnets* 1914-1916, trad. fr. G.-G. Granger. La référence est suivie de la date.
CB et *CBr*	Le *Cahier Bleu et le Cahier Brun*, trad. fr. G. Durand. La référence du *CB* est suivie de la page et celle du *CBr* du paragraphe.
CC 1	*Les cours de Cambridge 1930-1932*, trad. fr. E. Rigal. La référence est suivie de la leçon et du paragraphe pour les deux premières parties, de la leçon et la page pour la troisième partie.
CC2	*Les cours de Cambridge 1932-1935*, trad. fr. E. Rigal, Mauvezin. La référence est suivie de la partie du cours et de la page.
CFM	*Cours sur les fondements des mathématiques*, trad. fr. E. Rigal. La référence est suivie du cours et de la page.
CS	*Carnets secrets*, trad. fr. J.-P. Cometti. La référence est suivie de la date.
DC	*De la certitude*, trad. fr. D. Moyal-Sharrock. La référence est suivie du paragraphe.
DW	*Dictées de Wittgenstein à Waismann et pour Schlick*, Années 1930, trad. fr. A. Soulez. La référence est suivie du chapitre et de la page.
EP	*Études préparatoires à la seconde partie des Recherches Philosophiques*, trad. fr. G. Granel. La référence est suivie du paragraphe.
F	*Fiches*, trad. fr. J. Faure. La référence est suivie du paragraphe.

GP *Grammaire Philosophique*, trad. fr. M.-A. Lescourret. La référence est suivie du paragraphe pour la première partie et de la page pour les appendices ainsi que la seconde partie.

IE *L'intérieur et l'extérieur*, trad. fr. G. Granel. La référence est suivie de la page.

LC *Leçons et Conversations suivies de Conférence sur l'éthique*, trad. fr. J. Fauve. La référence est suivie de la page.

LSD *Le langage des « sense data » et de l'expérience privée* (Philosophica II), trad. fr. E. Rigal. La référence est suivie de la leçon et de la page.

NEP *Notes sur l'expérience privée*, trad. fr. E. Rigal. La référence est suivie de la page.

NCP *Notes pour la « conférence philosophique »* (Philosophica II), trad. fr. E. Rigal. La référence est suivie de la page.

QRFL *Quelques remarques sur la forme logique*, trad. fr. E. Rigal. La référence est suivie de la page.

RC *Remarques sur les couleurs*, trad. fr. E. Rigal. La référence est suivie de la partie du cours et du paragraphe.

Rem. P *Remarques philosophiques*, trad. fr. J. Fauve. La référence est suivie du paragraphe pour la première partie et de la page pour la seconde.

RFM *Remarques sur les fondements des mathématiques*, trad. fr. M.A Lescourret. La référence est suivie de la partie du cours et du paragraphe.

RM *Remarques mêlées*, trad. fr. G. Granel. La référence est suivie de la page et de l'année lorsque cela est opportun.

RP *Recherches philosophiques*, trad. fr. F. Dastur. La référence est suivie du paragraphe pour la première partie et de la page pour la seconde.

RPP I	*Remarques sur la philosophie de la psychologie I*, trad. fr G. Granel. La référence est suivie du paragraphe.
RPP II	*Remarques sur la philosophie de la psychologie II*, trad. fr. G. Granel. La référence est suivie du paragraphe.
TLP	*Tractatus logico-philosophicus*, trad. fr. G.-G. Granger. La référence est suivie du numéro de l'aphorisme.
WCV	*Wittgenstein et le Cercle de Vienne*, trad. fr. G. Granel. La référence est suivie dc la date.

LA VIE DE WITTGENSTEIN

QUI FUT CE PERSONNAGE HORS DU COMMUN ?

Benjamin d'une riche famille de huit enfants, Ludwig Wittgenstein est né à Vienne, le 26 avril 1889. Son père était l'un des hommes les plus riches de l'empire austro-hongrois, grâce à sa compagnie d'industrie du fer et de l'acier. Bien que stricte et autoritaire, l'excellente éducation qu'il reçut, ajoutée à l'isolement et à la rigueur dans lesquels il vécut, favorisa sans doute ce qui suivit : une œuvre aussi singulière et passionnante que le fut sa vie, riche, mouvementée et toujours liée à une réflexion philosophique sans cesse en évolution.

Jusqu'à l'âge de quatorze ans, il reçut une éducation à domicile, ayant à son service les meilleurs professeurs aussi bien en littérature, en langue et en musique que dans les matières scientifiques, dans lesquelles il excellait. Karl Wittgenstein, son père, préparait ses fils à lui succéder dans les affaires. Ce qu'il ne réussit pas à faire, sauf avec Kurt, son troisième fils. À cette fin, il exerçait une pression sur ses enfants à la limite du supportable. Or, ceux-ci, filles et garçons, étaient particulièrement doués pour l'art, la Vienne de l'époque oblige. La famille Wittgenstein était, au demeurant, très liée avec des artistes et des musiciens, dont Brahms, en particulier, qui fut un familier de la maison. Au grand dam du père, la plupart des enfants ne manifestèrent donc aucun intérêt pour les affaires et trois d'entre eux finirent par se suicider, la tension et la pression ayant été, probablement, trop fortes. Il ne fait aucun doute que la vie, la personnalité – et pour le cas de Ludwig, l'œuvre – des enfants de Karl Wittgenstein furent liées à cette éducation.

Doté d'une grande culture générale, ainsi que d'une grande capacité de concentration et quittant le cocon familial, Ludwig Wittgenstein rejoignit le *Gymnasium de Linz*. On peut penser que les suicides de Hans, Kurt et Rudolf, qui avaient reçu une éducation complètement privée, avaient fait prendre conscience à Karl Wittgenstein que le choix de l'éducation privée qu'il avait privilégiée pour ses enfants s'avérait être un échec. Ce qui le conduisit à envoyer au collège ses deux derniers enfants, Paul, qui devint un grand pianiste, et Ludwig, et à les laisser libres de choisir leur avenir. Wittgenstein ne fut pas heureux à Linz où il rencontra un milieu très différent du milieu bourgeois auquel il était habitué. C'est là qu'il se rendit compte qu'il n'avait pas la foi. Il en discuta avec sa sœur aînée, Margaret (Gretl), qui lui conseilla de lire Schopenhauer, lequel aura une très grande influence sur sa pensée.

Doté également de grandes capacités pratiques et techniques dès son plus jeune âge, Wittgenstein construisit une machine à coudre tout à fait fonctionnelle dès l'âge de dix ans. À dix-sept ans il entreprit des études d'ingénieur en mécanique à Berlin, lesquelles l'orientèrent, nous verrons comment, vers des projets logico-philosophiques. Cette orientation n'était pas si paradoxale que cela peut paraître, car Wittgenstein avait le souci de plaire à son père et de ne pas le décevoir. Or, celui-ci pensait qu'il était destiné à des études plus techniques qu'universitaires. Après avoir obtenu son diplôme à la *Technische Hochschule* en 1908, il quitta l'Allemagne et passa trois années au département des sciences de l'ingénieur de Manchester où il chercha encore sa voie entre études scientifiques et philosophie, avec un penchant particulier pour la philosophie des mathématiques. En 1911, au lieu de retourner à Manchester, il décida d'aller à Cambridge après un séjour à Iéna où il rencontra Frege et essaya de lui expliquer en vain les questions de logique qui le préoccupaient.

PREMIER SÉJOUR À CAMBRIDGE, LA PREMIÈRE GUERRE ET LE *TRACTATUS LOGICO-PHILOSOPHICUS*

Frege lui conseilla alors de rencontrer Russell à Cambridge, lequel fut très impressionné par le jeune homme qu'il eut beaucoup de mal à circonscrire, ne sachant s'il fallait le tenir pour un « idiot » ou pour un « génie ». Russell disait ne savoir « vraiment pas que penser de ses capacités » et finalement c'est la lecture d'un manuscrit que Wittgenstein lui avait soumis qui le convainquit de l'encourager dans la voie de la philosophie. Wittgenstein fut admis comme membre de *Trinity College* où il s'inscrivit en 1912 pour cinq semestres. En plus de Russell, il y rencontra G.E. Moore, J.M. Keynes, A.N. Whitehead, G.H. Hardy, D. Pinsent … qui le jugèrent également hors du commun. Cette année fut très riche et mouvementée, ce qui, probablement, explique son besoin de calme et le fait que l'année d'après il choisit de s'isoler en Norvège, pour mieux se concentrer sur les questions de logique qui le préoccupaient. Pourquoi la Norvège ?

Wittgenstein s'était lié d'une grande amitié avec David Pinsent, un étudiant en deuxième année de mathématiques qui avait le même âge que lui et qui partageait sa passion pour la musique. Alors qu'ils avaient décidé de passer des vacances ensemble en Islande, Wittgenstein, toujours aussi imprévisible, changea d'idée et proposa d'aller à Bergen en Norvège où il n'y aurait pas de touristes. Sans doute, cherchait-il un endroit calme où il pourrait se concentrer et travailler. La question qui le préoccupait le plus à cette époque et sur laquelle il ne s'entendait pas avec Russell concernait la théorie des types qu'il pensait pouvoir remplacer par une théorie du symbolisme, à laquelle il réfléchissait. Wittgenstein fut ravi de son séjour, en revanche Pinsent s'y ennuya quelque peu, d'autant que le comportement et la susceptibilité de Wittgenstein lui furent assez difficiles à supporter. Le 2 octobre, ils rentrèrent de Bergen et Wittgenstein pensait déjà y retourner pour s'isoler complètement, d'autant que sa sœur Margaret (Gretl), s'installant à Londres avec son mari, il se voyait devoir mener une vie de visite et de distraction.

Wittgenstein était perfectionniste et ne se montrait jamais satisfait de son travail ou de la formulation qu'il en donnait. Avant son retour à Bergen le 8 octobre 1913, Russell l'avait pratiquement obligé à écrire ou plus exactement à dicter ce qui allait devenir les *Notes on logic*. Il s'installa dans un petit village, Skjolden, dans lequel il se sentait bien, parce que libéré de toute vie bourgeoise qu'il jugeait superficielle. Cette année fut, d'ailleurs, l'année la plus fructueuse de toute sa vie. Il s'éloigna de ses proches, à part un court séjour à Vienne pour Noël, à l'insistance de sa mère ; et il trouva le moyen de se brouiller avec Russell en refusant tout compromis concernant leurs différends scientifiques au point de garder dès lors des relations distantes avec lui. À son habitude, Wittgenstein avait néanmoins besoin d'amis et d'échanges ponctuels ; il demanda donc à Moore de le rejoindre afin de discuter de son travail. Il lui dicta alors des notes, pensant en faire son *BA*, mais il se brouilla avec lui, comme s'il pouvait être le responsable du règlement des collèges : le philosophe anglais lui avait déclaré que ce texte ne serait pas formellement conforme à un *BA*. Moore fut très froissé. Il fallut attendre 1929 pour qu'ils puissent renouer lors d'une rencontre inopinée.

Wittgenstein comptait vraiment s'installer en Norvège et entama la construction d'une petite maison sur les berges du fjord de Sogne. En juillet, il repartit à Vienne pour les vacances et n'y retournera ensuite qu'en 1921, l'Autriche ayant déclaré la guerre à la Serbie le 28 juillet 1914.

Bien qu'il eût été exempté du service militaire à cause d'une double hernie, il s'engagea dans la guerre et vécut cette expérience avec ferveur et héroïsme tout en poursuivant une activité intellectuelle qui lui permit de terminer « l'œuvre de sa vie » : le *Tractatus Logico-Philosophicus*. Toutefois, si Wittgenstein tint à s'enrôler, ce n'était pas pour défendre la patrie, mais pour des raisons strictement personnelles.

En effet, lorsque Wittgenstein se présenta en tant que volontaire lors de la première guerre, c'était, selon une lettre qu'il écrivit à sa sœur Hermine, dans le but de se prouver qu'il pouvait avoir toute l'énergie et toute la détermination nécessaires pour résister à cette « épreuve du feu » dans des conditions très dures. Il ne s'agissait donc pas pour lui de s'engager dans une guerre pour la patrie, mais d'une sorte de mise à l'épreuve pour se confronter à la mort, mesurer sa force et faire autre chose qu'un travail intellectuel. Vivre une telle expérience constituait la meilleure occasion d'apprendre à se détacher de toute chose extérieure et de poursuivre sa pensée sans être affecté par les conditions difficiles dans lesquelles il se plaçait. Il fut affecté au régiment d'artillerie à Cracovie et sa tâche consistait à manœuvrer le projecteur de nuit à bord d'un *aviso torpilleur*. Cette fonction était propice à la solitude et donc à la réflexion. Comme le montrent ses *Carnets* de guerre, Wittgenstein vivait des hauts et des bas : il lui était parfois difficile de côtoyer des personnes qu'il disait rudes et sans éducation et il souffrait parfois des mauvaises conditions du front ainsi que de la solitude. C'est la lecture des *Evangiles* de Tolstoï, unique ouvrage qu'il avait trouvé dans une librairie, qui lui permit de retrouver une certaine paix et de se maintenir littéralement en vie. Il avait trouvé aussi beaucoup de réconfort dans *Les frères Karamazov* de Dostoïevski. C'est ce qui accentua probablement son côté mystique et sa rigueur morale.

Wittgenstein regrettait de ne pas être au front, en première ligne, et de ne pas pouvoir affronter directement le danger. Il avait demandé en vain sa mutation à plusieurs reprises, car l'armée préférait profiter de sa formation d'ingénieur et l'avait embauché à l'atelier. Il fut promu et médaillé plusieurs fois. Il tenait toujours à risquer sa vie ; c'est d'ailleurs lorsqu'il fut affecté au poste le plus dangereux, pour lequel il se porta volontaire, qu'il eut l'impression que la guerre commençait vraiment pour lui. En réalité, côtoyer la mort de plus près était capital, car, pensait-il, c'était la seule manière de comprendre le sens de la vie. Cette idée avait probablement pour origine l'influence du *Monde comme volonté et représentation* de Schopenhauer. Ce n'est donc qu'en mars 1916 que commença pour lui la véritable expérience du feu, lorsque les Autrichiens l'envoyèrent finalement au front, près de la frontière roumaine.

En octobre 1918, juste avant l'armistice, Wittgenstein fit partie des cinq cent mille soldats faits prisonniers par les Italiens et ce n'est qu'en août 1919 qu'il fut libéré. Il eut quand même la possibilité de faire parvenir le manuscrit du *Tractatus* à Frege, Russell et Engelmann. La réception de son manuscrit par Frege et Russell fut catastrophique pour lui, car ils ne comprirent pas ce qu'ils lisaient, ne voyant pas que le *Tractatus* n'était pas seulement un livre de logique, mais aussi de philosophie.

La guerre avait complètement transformé Wittgenstein aussi bien sur le plan personnel que philosophique. En effet, la première version du *Tractatus*, celle de 1915, ne contenait pas encore les propositions sur l'éthique, l'esthétique et le sens de la vie. Il est certain que le côté mystique de son traité se développa avec ses expériences existentielles de guerre, ainsi qu'avec la lecture de Tolstoï et Dostoïevski. À son retour à Vienne, l'Autriche-Hongrie n'existait plus et il se retrouva dans une Autriche, devenue un tout petit pays après avoir été un empire. De plus, les cinq années passées en guerre lui avaient fait comprendre les réalités de la vie et le sens de celle-ci. Il aspirait alors à un autre genre de vie, refusant de se réfugier dans la vie bourgeoise et douillette de sa famille. Il aurait pu devenir l'un des hommes les plus riches d'Europe grâce à la fortune que son père avait eu l'habileté de conserver. Au contraire, il commença par se débarrasser de sa fortune, quoique sa famille eût essayé de l'en dissuader, mais en vain ; et le notaire de la famille Wittgenstein parla de « suicide financier ». Il quitta ensuite la maison familiale pour s'installer dans un quartier beaucoup plus ordinaire et plus sobre. Ayant décidé de devenir instituteur, il entreprit une formation à cet effet.

Cette période d'après-guerre fut très difficile pour Wittgenstein qui souffrait de solitude, car ni Engelmann ni Russell ne pouvaient avoir l'autorisation de voyager pour lui rendre visite, et son meilleur ami, celui qu'il considérait comme un frère, David Pinsent, était décédé en 1918. Ce fut aussi une période de forte dépression, d'autant qu'à cette situation s'ajoutaient les difficultés rencontrées pour la publication du *Tractatus*, les éditeurs restant fermés aux idées qu'il y développait. L'un d'entre eux alla jusqu'à lui demander s'il était nécessaire de garder cette forme d'écriture et s'il pouvait supprimer les chiffres décimaux.

En décembre 1919, Wittgenstein réussit finalement à rencontrer Russell en terrain neutre, à la Haye. Il était tellement démuni qu'il fallut à Russell vendre les meubles qu'il avait laissés à Cambridge pour payer son transport. Leur rencontre fut très riche et bénéfique en ce sens que Russell commença à entrer dans la théorie logique du *Tractatus* et à en être fortement impressionné. C'est alors qu'il lui proposa d'écrire une introduction au livre, qui en faciliterait certainement la publication. Après que Wittgenstein eut essuyé encore deux refus, il s'en remit à Russell. C'est d'ailleurs, effectivement par considération pour ce dernier que le manuscrit de Wittgenstein fut accepté, d'abord, dans les *Annalen der Naturphilosophie* en 1921. Cette publication pleine d'erreurs ne fut pas du goût de Wittgenstein qui en parlait comme d'« une édition pirate ». Il avait de plus désavoué l'introduction de Russell. Après bien des péripéties, une deuxième édition bilingue vit le jour en 1922 en Angleterre avec le titre proposé par Moore : *Tractatus logico-philosophicus*. Traduit en anglais par Ramsey, l'ouvrage acquit enfin la notoriété qu'il méritait. Cette édition fut revue par Wittgenstein et cette révision consista souvent en une reformulation, afin de l'approcher au plus près de l'original allemand.

Après avoir abandonné son livre entre les mains de Russell pour qu'il en fasse ce qu'il voulait, Wittgenstein essaya de retrouver la paix et travailla comme jardinier dans un monastère de la banlieue de Vienne en attendant la rentrée scolaire pour rejoindre, après une formation, son poste d'instituteur. Au départ, il fut affecté dans une petite ville au sud de Vienne, mais refusa le poste et demanda à aller dans une région plus rurale et pauvre. Il se retrouva alors à Trattenbach. La vie y était très rude mais il s'y trouva parfaitement heureux à la fois de son travail et de ses conditions de vie simples. Il refusait les colis et même les lettres de sa famille. Les villageois voyaient bien qu'il n'était pas de leur monde, ils le trouvaient étrange et même parfois fou, mais ils l'appréciaient en tant qu'enseignant. Toutefois, il fut petit à petit victime de son dévouement et s'attira la désapprobation des parents d'élèves. Wittgenstein était très exigeant, sévère et même tyrannique avec les moins doués en mathématiques, bien que le niveau enseigné fût beaucoup trop élevé pour leur âge. De plus, les villageois ne comprenaient pas qu'on puisse exiger des filles d'apprendre les mathématiques. Devant toute cette incompréhension et malgré les efforts qu'il faisait pour améliorer le niveau des bons élèves afin de leur permettre de poursuivre des études, face aussi à sa solitude intellectuelle, Wittgenstein quitta ce village pour un autre où les choses n'allèrent pas mieux. Ramsey vint lui rendre visite et avec Keynes il essaya, en vain, de le convaincre d'abandonner ce métier et de reprendre la philosophie en rejoignant Cambridge. Il lui rendit une seconde visite en 1924 et le trouva très mal en point. Cette même année, Wittgenstein rejoignit un troisième village, voisin de Trattenbach (Otterhal). Mais les relations avec le directeur et ses collègues ne se passèrent pas mieux et il commença à penser mettre fin à sa carrière d'instituteur. Il eut quand même le temps de produire un dictionnaire orthographique pour les enfants, qu'il avait mis à contribution. Ce dictionnaire fut publié en 1926.

Le retour de Wittgenstein en Grande-Bretagne se fit un peu par hasard, lorsqu'il reçut une lettre d'un ami de Manchester qu'il n'avait pas revu depuis la guerre. Il décida alors d'aller le voir en août et passa voir Keynes auparavant. Après un bref retour dans son village, il renonça à l'enseignement en avril 1926 et quitta l'école après avoir administré une correction à une élève. Bien que n'ayant pas eu de répercussion officielle, cet épisode fut très pénible pour Wittgenstein, accusé de violence envers ses élèves. Désespéré, il pensa se retirer dans un monastère ; mais sa requête ayant été refusée, car jugée inutile et ne pouvant l'aider à retrouver la paix, il se contenta de travailler comme jardinier dans un monastère assez près de Vienne et il y vécut même dans la cabane à outils durant trois mois.

À la suite du décès de sa mère en 1926, il renoua avec la vie familiale en assistant de nouveau aux fêtes qu'il avait boudées depuis des années et il prit part à la construction de la maison de Gretl avec Paul Engelmann, laquelle, aux dires de leur sœur aînée, Hermine, « lui allait comme un gant » (*F*, 172) tellement il fut méticuleux et précis dans ses conceptions et réalisations.

Gretl faisait tout pour « normaliser » la vie de son frère : elle l'avait encouragé dans ce qui fut probablement la seule relation amoureuse de sa vie avec Marguerite. De même qu'elle lui fit rencontrer Moritz Schlick qui en avait le désir depuis deux ans et qu'elle invita à dîner un soir de février 1927. Après cette première rencontre, les deux philosophes se rencontrèrent assez régulièrement et comme Wittgenstein refusait de se rendre aux réunions des jeudis du Cercle de Vienne, Schlick lui fit rencontrer des membres de son cercle, tels que R. Carnap, F. Waismann et H. Feigl. Les discussions allaient bon train et, d'après ce dernier, il semble que ce soit après avoir écouté une conférence de Brouwer en mars 1928 sur *Mathématiques, Science et Langage* que Wittgenstein reprit goût à la philosophie. Une fois que la maison de la *Kundmanngasse* fut achevée, il rejoignit Cambridge en janvier 1929 avec la ferme décision de se remettre à la philosophie.

LE RETOUR À CAMBRIDGE

Pendant les deux premiers trimestres, la tâche de Wittgenstein fut de préparer son *Ph. D.* Il avait de nombreuses discussions avec Ramsey, mais c'est sa rencontre avec l'économiste italien proche de Gramsci, Sraffa, qui fut très importante et peut-être même déterminante en donnant un tour anthropologique à sa philosophie post-tractatusienne. On se souvient que Wittgenstein avait rompu son amitié avec Moore depuis 1914. Ils se rencontrèrent par hasard et renouèrent de manière plus personnelle et moins philosophique. Lorsque Wittgenstein retourna à Cambridge, il était devenu très différent de ce qu'il était quand il en était parti en 1913, mais il avait toujours autant d'aura. Son influence sur la jeune génération, qu'il fréquentait d'ailleurs plus volontiers que les plus âgés, était grande et il dominait toutes les discussions. On peut dire qu'il forma autour de lui un cercle d'amis assez large, mais il n'eut en réalité aucun confident de la trempe de Pinsent ou même d'Engelmann. C'est ce qui le conduisit à reprendre son habitude de noter ses pensées sur des carnets. Durant cette période, Wittgenstein obtint difficilement une bourse grâce à Ramsey, car les responsables ne comprenaient pas qu'un Wittgenstein puisse ne pas avoir de ressources. Finalement, le *Tractatus*, publié pourtant depuis sept ans, lui servit de thèse avec Russell et Moore pour examinateurs. La soutenance eut lieu le 18 juin 1929.

Cette année fut assez riche et mouvementée entre Vienne et Cambridge. Wittgenstein continuait de rencontrer Marguerite, il semble que leurs relations aient été assez serrées, mais elle le quitta, au moment où, semble-t-il, il lui aurait proposé le mariage, mais sans qu'il soit question d'avoir des enfants. Il semble qu'il ait classé l'affaire rapidement. Cette même année, Schlick, Carnap et Hahn publièrent le manifeste du Cercle de Vienne sous le titre de *La conception scientifique du monde* et, lors des discussions du Cercle, la pensée de Wittgenstein s'avéra très présente, quoique très peu le connussent personnellement au point que certains pensaient que ce personnage était une pure invention de Schlick.

Pour les membres du Cercle de Vienne la pensée de Wittgenstein était très proche de la leur et ils n'en retenaient que ce qui correspondait à leur vérificationnisme, Wittgenstein ayant effectivement affirmé que comprendre une proposition revenait à savoir comment la vérifier. Ce que Schlick avait repris en paraphrasant par l'affirmation que le sens d'une proposition est la méthode de sa vérification. Mais Wittgenstein n'appréciait pas le positivisme logique et pensait que les membres du Cercle avaient dogmatisé sa pensée : à ses yeux, la possibilité de vérifier représentait un moyen parmi d'autres de comprendre des propositions. D'ailleurs, à cette époque, il avait déjà commencé à donner des cours sur la grammaire. Sa pensée avait commencé à évoluer avec pour principal catalyseur l'idée que les propositions atomiques ne pouvaient pas être indépendantes et que s'intéresser au sens ne pouvait concerner que des systèmes de propositions.

Wittgenstein était désormais bien installé à *Trinity College* et, pour renouveler son allocation, Moore demanda à Russell de discuter avec lui de ses dernières pensées et d'en faire un compte-rendu. De son côté Wittgenstein avait rédigé des notes à cet effet. Il s'agit du texte publié sous le titre de *Remarques philosophiques*. Ce texte est capital si l'on veut comprendre le passage graduel de la philosophie du *Tractatus* à celle des *Recherches philosophiques*.

À son retour de vacances à l'automne 1930, Wittgenstein était en possession d'une vue plus claire de la philosophie, de la philosophie comme n'ayant pas pour rôle et pour capacité de résoudre des énigmes, mais plutôt de les dissoudre, et ce, par une meilleure compréhension de la grammaire de notre langage, grammaire dont toute sa réflexion future s'efforcera de clarifier le fonctionnement. À la fin de l'année et grâce au texte « examiné » par Russell et Hardy, Wittgenstein devint *fellow* au Collège pour une durée de cinq ans. De la même manière qu'il avait été un instituteur original tant par ses méthodes que par le contenu de son enseignement, il le fut à *Trinity College* : les étudiants assistaient en quelque sorte en direct à la naissance des idées et à l'évolution de la pensée de leur professeur. De plus, il détestait l'ambiance académique qui régnait en ce lieu et il avait un comportement d'enseignant assez inattendu : il donnait ses cours dans sa chambre, réfléchissait devant son auditoire en imposant le silence et la ponctualité, il n'avait ni notes, ni textes.

Ses réflexions sur les mathématiques, qu'il considérait désormais comme une technique, l'orientèrent peu à peu vers sa nouvelle conception du langage, basée sur l'idée que les règles d'un calcul ou d'un raisonnement ne peuvent pas être rigides et ne leur sont pas extérieures. F. Skinner, un étudiant en mathématiques avait suivi ses cours et une grande amitié s'était développée entre eux. L'année 1933-1934, Wittgenstein, toujours à la recherche de calme, jugea qu'il y avait trop de monde qui assistait à ses cours et décida de les dicter à cinq de ses étudiants préférés, deux femmes, Margaret Masterman et Alice Ambrose, et F. Skinner, L. Goodstein et H.M.S. Coxter. Ces dictées furent distribuées bien au-delà de ce qu'il souhaitait et donnèrent *Le Cahier Bleu*. L'année d'après, il dictera *Le Cahier Brun* et entamera des préparatifs pour partir en URSS avec Skinner, les deux ayant un attrait pour ce pays parce que, pensait-il, on pouvait y vivre simplement d'un travail manuel. Cette expérience ne fut pas concluante, car les Russes étaient prêts à l'accepter mais en tant que professeur. Ce qui ne l'intéressait pas. Après une tentative pour entamer des études de médecine et plus précisément de psychiatrie, il reprit son *Cahier Brun* et eut l'occasion de rencontrer R. Rhees, qui devint aussi un ami très proche. Wittgenstein, qui avait autant besoin d'amis très proches que de solitude, retourna dans sa cabane norvégienne en août 1936 et travailla sur ses notes du *Cahier Brun*. En 1948 il renouvellera cette expérience en choisissant de vivre dans une cabane de pêcheurs en Irlande.

LA SECONDE GUERRE

En décembre 1937, il quitta la Norvège et retourna à Vienne dans des conditions politiques très difficiles, tout comme en 1913. En effet, Hitler commençait à envahir l'Europe et ralliait l'Autriche à l'Allemagne. D'ailleurs, en février 1938, Wittgenstein envisageait déjà de changer de nationalité. C'est ce qu'il fit sous le conseil de Sraffa en demandant la nationalité britannique, qu'il obtint grâce à son travail à Cambridge en juin 1939, après avoir été élu en février à la chaire de philosophie, sa notoriété faisant qu'il ne pouvait pas ne pas l'obtenir. Même ceux qui n'appréciaient pas sa philosophie, tel que C.D. Broad, lui avait été favorable car, disait-il, « refuser la chaire à Wittgenstein ce serait comme refuser une chaire de physique à Einstein ». Il faut dire que cette décision avait été très difficile à Wittgenstein, car toujours fidèle à ses principes, il sentait qu'il serait un faux britannique et resterait autrichien. Son enseignement se concentra sur les mathématiques en se démarquant particulièrement d'Alan Turing.

Le 3 septembre 1939, la guerre fut déclarée. Wittgenstein continua à enseigner à Cambridge durant deux ans, malgré toute sa frustration et ses tentatives de se rendre utile au front. C'est le frère de Gilbert Ryle qui lui en donna l'occasion. Il accepta, aussi incognito que ce fut possible, d'être garçon de salle dans un hôpital, un travail qui l'épuisait car il avait déjà 52 ans et était encore très affligé par le décès de Skinner. Durant cette période, il subit une opération de la vésicule et, toujours aussi original, il tint à ne pas être complètement anesthésié pour suivre l'opération grâce à un miroir car il n'avait pas totalement confiance en l'équipe médicale.

En novembre 1942, l'unité déménagea à Neuchâtel où il fut engagé en tant que technicien de laboratoire et, en février 1944, il fut rappelé à Cambridge pour la rédaction et la publication des *Recherches Philosophiques*. Pour ce faire, il demanda à aller à Swansea dans le pays de Galles, où enseignait R. Rhees : comme à l'accoutumée, il avait besoin d'un ami avec qui parler de son travail.

En octobre, il rejoignit Cambridge, frustré de ne pas avoir terminé son livre. En janvier 1945, il pensa en avoir une version publiable. Mais au lieu de la remettre à l'éditeur, il décida de l'augmenter et la publication des *Recherches Philosophiques* fut sans cesse repoussée à cause de l'insatisfaction permanente de leur auteur. Ce retard et ce report s'accrurent avec la fin de la guerre, la découverte des atrocités nazies et les polémiques. Qui plus est, Wittgenstein se montrait fort pessimiste : il pensait que la guerre allait reprendre et que la science ainsi que l'industrie étaient cause de grands maux. Pris dans son ensemble, le livre qui ne fût jamais publié du vivant de son auteur, est considéré comme étant composé de trois fragments : les paragraphes 1 à 188 qui datent de 1938, les paragraphes 189 à 421 qui datent de 1944 et l'extension datant de l'année 1945-1946. Il avait dit lui-même que cet ouvrage était le fruit de seize années de recherche. C'est ce qui explique que plusieurs parties des *Recherches Philosophiques* se trouvent dans d'autres écrits, étant donné que, jamais satisfait de son travail, Wittgenstein le reprenait sans cesse. Toute cette période fut difficile pour le philosophe qui détestait la vie universitaire de Cambridge et avait le mal de Vienne, à laquelle il n'avait pu se rendre depuis l'annexion de l'Autriche.

Finalement, l'été – 1947, il décida de démissionner de son poste, son intérêt s'étant tourné vers des questions de psychologie, lesquelles constitueront la seconde partie des *Recherches Philosophiques*. Il se rendit à Vienne et fut offusqué par l'occupation russe ; il chercha ensuite une retraite solitaire dans une ferme à Dublin, puis dans un cottage très isolé à Rosro. Mais l'hiver y étant trop rude, il habita Dublin où il put travailler à sa guise. Il put également discuter de son travail avec Anscombe et Rhees, ainsi que de la possibilité de l'enrichir avec ce qui deviendra les *Remarques sur la philosophie de la psychologie*. Wittgenstein se sentait fatigué et souvent déprimé, étant trop faible. En juin 1949 il se rendit aux États-Unis, en passant d'abord par Cambridge, où il dicta le manuscrit constituant la seconde partie des *Recherches Philosophiques*. Il passa les deux dernières années de sa vie chez ses amis, Malcolm, Von Wright et Anscombe. Durant ces dernières années, il s'intéressa à la question du scepticisme et rédigea ce qui sera publié sous le nom de *De la Certitude*. Se sentant de plus en plus fatigué et ne voulant pas mourir aux États-Unis, il revint en Europe et plus précisément à Cambridge où son cancer fût diagnostiqué. Il décida alors de regagner la maison familiale de Vienne et même son ancienne chambre. Sa sœur, Hermine, était également en fin de vie, à cause d'un cancer. Malgré sa maladie, Wittgenstein continua à avoir des projets de travail, il retourna même en Norvège pour des vacances en pensant pouvoir s'y installer. Mais la maladie eut raison de lui, il dut se faire soigner à Cambridge, craignant de mourir à l'hôpital. Son médecin l'hébergea au début du mois de février, on arrêta son traitement devenu inutile et il fut prévenu qu'il ne vivrait plus que très peu de temps. Alors qu'il était très fatigué, il trouva la volonté et la force de travailler comme il ne l'avait jamais fait et écrivit la seconde moitié de *De la Certitude* jusqu'au 27 avril 1951, un jour avant de sombrer dans l'inconscience et de demander à Madame Bevan de dire à ses amis qui allaient venir le lendemain que sa vie avait été merveilleuse. Il mourut le 29 avril 1951 à l'âge de soixante-deux ans.

LA PERSONNALITÉ ET LE GÉNIE DE WITTGENSTEIN

D'après le témoignage de ses amis et ses diverses correspondances, fréquenter Wittgenstein n'était apparemment pas de tout repos car sa personnalité et par conséquent, ses comportements étaient pleins de paradoxes. Selon Russell, « dans ses mauvais moments, il continue à parler, lentement, en bégayant, pour dire des choses assommantes. Mais dans les meilleurs, il est magnifique » (8-3-1912).

Tous ceux qui l'ont connu l'ont trouvé d'un tempérament très *fragile*, il était dépendant d'un besoin constant d'amitié, mais en même temps, il s'offusquait très rapidement, pouvait être très dur, très sévère et très exigeant aussi bien envers les autres qu'envers lui-même. Il se brouilla facilement, d'ailleurs, avec ses amis les plus chers.

Il était très solitaire, mais accordait une très grande importance à l'amitié. Il était d'ailleurs très entouré malgré son mauvais caractère ; et il faut dire qu'il était admiré et d'une certaine manière craint par ses amis, ses collègues et ses étudiants. Plus précisément, sa pensée évoluait plus aisément lorsqu'il était seul et même parfois complètement isolé, mais en même temps, les discussions lui étaient d'une importance capitale et lui permettaient d'enrichir sa réflexion et de mieux formuler ses idées. Il était capable d'assommer ses amis en leur parlant sans arrêt, durant quatre heures, de logique. Malgré sa sensibilité à fleur de peau et son entêtement, le personnage était très attachant. Lorsqu'il quitta Cambridge pour s'isoler en Norvège, Russell écrivit n'avoir jamais rencontré personne dont intellectuellement il se sentait aussi proche, ajoutant néanmoins : « je me féliciterai de le voir partir » (8-10-2013).

Wittgenstein aspira toujours à la simplicité, refusant tout privilège, y compris la fortune qu'il avait héritée de son père et qu'il s'était empressé de distribuer, mais en même temps, il *avait des goûts particuliers de luxe* : théâtre, meubles qu'il se faisait faire, vêtements classiques, stricts, sans ornement mais de qualité. C'est ainsi qu'à *Trinity Collège*, il tint à rester dans le même appartement en tant que *fellow* puis professeur, mais il se montra très exigeant sur les meubles dont il avait fait l'acquisition et qu'il voulait simples et sans aucun ornement.

Il avait un sens profond de la morale, du devoir et de la religion, tout en n'ayant jamais fait partie d'une institution et en ayant eu des termes assez durs à l'égard des religions. Il n'avait, d'ailleurs reçu aucune éducation religieuse notable. Il était naturellement honnête envers les autres et envers lui-même. Ce qui explique ses changements d'humeur, son insatisfaction permanente et son penchant pour le suicide. Il voulait toujours faire mieux, il voulait être parfait, probablement à cause de son éducation sévère et du désir de satisfaire son père. Ses amis racontent qu'il avait trouvé le moyen de les « convoquer » d'urgence pour se confesser. Ce qu'il considérait comme des péchés lourds à porter consistaient dans ses rapports avec le Judaïsme, dans le fait d'avoir nié avoir frappé une élève quand il était instituteur, la petite fille s'étant plainte à l'administration ; il se reprochait aussi sa mauvaise foi, un jour qu'ayant appris une nouvelle qu'il connaissait déjà il avait fait semblant de l'apprendre à ce moment précis où on l'en informait.

Ce caractère entier de Wittgenstein tient certainement au fait qu'il était analytique jusqu'au plus profond de lui-même, au point même d'en devenir maniaque : la propreté, l'ordre, y compris dans les relations qu'il établissait avec ses amis et qui étaient, en quelque sorte, compartimentées par thèmes de discussions. C'est ainsi par exemple, qu'il ne parlait jamais de politique avec Drury, celle-ci étant réservée à Sraffa et Keynes.

Fréquenter Wittgenstein n'était donc pas une affaire banale. Russell dit lui-même que ce fut pour lui, personnellement, une des expériences les plus riches qu'il ait vécues. C'était effectivement « un homme exceptionnellement doué », d'une grande finesse, d'une grande passion et d'une intelligence hors du commun, comme en témoigne son œuvre, et avec un caractère assez complexe et instable. Russell rapporte que chaque matin Wittgenstein se mettait au travail plein d'espoir et qu'il s'arrêtait chaque soir plein de désespoir.

Le génie de Wittgenstein et son empreinte sur la philosophie contemporaine se manifestent dans deux domaines convergents : celui de la logique mathématique et celui de la philosophie du langage. Dans le *Tractatus* il se révèle être un logicien hors pair, très critique de ses contemporains que sont Frege et Russell et, en même temps, il est sans aucun doute l'instigateur d'une nouvelle philosophie prenant le langage pour objet et que l'on retrouve dans différentes écoles de philosophie contemporaine qu'il aura malgré lui influencées. Durant toute sa vie, il essaya d'élaborer une nouvelle façon de faire de la philosophie consistant à revenir sans cesse sur ses idées et donnant l'impression de tourner en rond. C'est ce qui explique que de son vivant, il ne publia que le *Tractatus logico-philosophicus* et une brochure, *Quelques remarques sur la forme logique*. De ce fait, étant posthume, son œuvre ne revêt pas la forme définitive de la publication, d'autant que ses écrits avaient la forme de notes qu'il prenait sur des cahiers et qu'il ne cessait de reprendre. Les éditions à partir des manuscrits fournissent un excellent outil de travail car elles reproduisent le texte, mais également les ratures et les remarques marginales donnant ainsi une possibilité de tracer chacune des idées ou concept de cette philosophie.

Généralement, on dénote deux parties dans la philosophie de Wittgenstein : la philosophie du *Tractatus* (1922) et celle des *Recherches Philosophiques* (1947), les deux parties étant reliées par la période dite intermédiaire (surtout les écrits des années trente), qui n'est pas moins importante et qui montre la continuité de son œuvre, ses intérêts demeurant les mêmes, à savoir les conditions d'un discours sensé, le fonctionnement du langage et son rapport au réel. La seconde partie de son œuvre n'est nullement plus originale que la première, comme on l'a souvent répété. C'est ce que nous essaierons de montrer en présentant la pensée de l'auteur.

LA PENSÉE DE WITTGENSTEIN

Pendant longtemps, alors que la plupart des manuscrits de Wittgenstein n'étaient pas encore connus et diffusés, on a parlé de deux philosophies différentes, dont la seconde renierait totalement la première, et cela sur le fondement de quelques phrases éparses, isolées de leur contexte. Pour avoir un meilleur aperçu sur sa pensée, il fallut attendre que les exécuteurs testamentaires de Wittgenstein aient pu réunir et publier un plus grand nombre des manuscrits laissés par le philosophe. N'oublions pas que, à part le *Tractatus* et un petit texte, intitulé *Quelques remarques sur la forme logique*, qu'il avait renoncé au dernier moment à prononcer et remplacé par une conférence sur l'infini en 1929, l'œuvre de Wittgenstein est entièrement posthume, certains manuscrits n'étant d'ailleurs toujours pas complètement exploités aujourd'hui. On pourrait également citer un dictionnaire qu'il confectionna pour les enfants dont il était l'instituteur. Mais, même si on continue de parler d'un *Wittgenstein I* et d'un *Wittgenstein II*, cette distinction n'est plus qu'une sorte de facilité verbale, car malgré son caractère très dynamique, l'œuvre du philosophe constitue une unité. Il est vrai que la méthode du *Tractatus* n'est pas celle qu'il adopta petit à petit jusqu'au *Recherches Philosophiques* ; il est vrai aussi que certains concepts ne furent plus de mise ; mais cela ne saurait signifier qu'une quelconque scission entre deux parties distinctes se soit opérée dans sa pensée ni que la seconde aurait enfoui la première dans les tiroirs de l'histoire d'une philosophie.

Tout d'abord, Wittgenstein porta sans relâche son intérêt et sa passion sur la question du sens et du fonctionnement de notre langage, et ce, dans une continuité évolutive de sa réflexion. La meilleure expression de ce qui est pratiquement établi aujourd'hui se trouve dans ce qu'il écrivit dans la préface des *Recherches Philosophiques*, à savoir que cet écrit ne peut être compris que sur le fond du premier, c'est-à-dire du *Tractatus*. On peut ajouter à cette remarque que ce qu'on a appelé l'œuvre intermédiaire est incontournable si l'on veut comprendre le lien entre le point de départ et le point d'arrivée de cette pensée. En effet, la texture de l'œuvre de Wittgenstein est tellement serrée qu'on peut choisir un concept parmi d'autres de sa philosophie, tels que celui de proposition, de nom, d'objet, de sens, de réel, de jeu de langage, de règles, d'usage…, et en faire le fil conducteur qui permet d'étudier le tout et de rendre compte de l'intégrité de sa pensée. En d'autres termes, plusieurs entrées sont possibles pour comprendre cette œuvre gigantesque, une des plus intéressantes étant, peut-être, le concept de règle, eu égard à son rôle central dans le développement de la pensée wittgensteinienne.

Le fait de pouvoir retenir plusieurs entrées au moment de présenter cette philosophie et, par conséquent, la manière dont les concepts sont imbriqués les uns dans les autres nous donnent une idée de la singularité de l'œuvre de Wittgenstein : non seulement les concepts utilisés d'une manière spécifique s'interpellent, mais en plus, la terminologie propre à l'auteur, celle du *Tractatus*, en particulier, est quantitativement assez importante.

Il semble donc exclu de réussir toute tentative de clarifier les concepts wittgensteiniens indépendamment les uns des autres. Par ailleurs, la dualité de la personnalité de Wittgenstein que nous avons relevée dans sa biographie se retrouve dans son œuvre. C'est ainsi que, alors que le grand logicien, le passionné de mathématiques était sur les premiers rangs du front en pleine guerre, il ne se passait pas un jour sans qu'il pensât « fût-ce d'une façon fugitive à la logique ». Pourtant, c'est avec une grande colère qu'il répliqua à Norman Malcolm lors d'une promenade durant laquelle ils discutaient de la guerre : « …Quelle est l'utilité d'étudier la philosophie si cela ne vous sert qu'à parler de manière plausible de certaines questions obscures en logique, etc., et si cela n'améliore pas votre façon de penser sur les questions importantes de la vie quotidienne… » (Monk, 419). On verra qu'il n'y a aucune contradiction entre ce qu'on peut appeler le versant logique et celui du langage quotidien ordinaire dans la philosophie de Wittgenstein.

C'est ce qui explique, peut-être, que sa philosophie et sa façon de penser n'aient pas toujours été comprises à leur juste valeur. Les éditeurs furent réticents à la publication du *Tractatus* parce qu'ils ne comprenaient pas qu'il puisse s'agir d'un livre de logique et de philosophie. Quant au style ordinaire et peu théorique des *Recherches Philosophiques*, il fut longtemps un obstacle à la saisie de la profondeur du propos. En d'autres termes, la forme et le contenu du *Tractatus* empêchèrent les éditeurs d'en saisir la portée philosophique, de même que le style particulier et le langage banal des manuscrits post-*Tractatus* firent que certains, y compris Russell, n'y aient vu qu'une philosophie « de salon ».

Ainsi, ce sont moins les sujets traités par Wittgenstein qui lui posèrent problème et qui suscitèrent l'incompréhension, que son style et les méthodes qu'il utilisa pour traiter de questions relatives au langage. En effet, vers la fin du XIXe siècle et surtout au cours du premier quart du XXe siècle, les philosophes portèrent un intérêt particulier au langage afin de déterminer les conditions d'un discours sensé et d'en chasser les discours inutiles, subjectifs ou même dangereux, à savoir, la théologie, la métaphysique et, on l'oublie souvent, l'idéologie. Dans le cadre de la philosophie analytique, Frege, puis Russell furent les premiers à avoir tenté d'appliquer la méthode de l'analyse, telle qu'elle avait été développée par le logicisme, au langage empirique et même à la philosophie. C'est ainsi que le premier soutint l'idée que c'est grâce à l'analyse que l'on peut comprendre le langage et qu'en 1892, il opéra la fameuse distinction entre le sens (*Sinn*) et la signification (*Bedeutung*) ou dénotation, et que le second développa, grâce à sa célèbre théorie des descriptions définies et celle de l'atomisme du langage, une théorie de la dénotation, permettant de parler de ce qui, n'étant pas un objet de notre perception, ne peut être connu de nous directement.

Leur emboîtant le pas, Wittgenstein poursuivit la question avec une ferveur allant jusqu'à l'obsession. Si la question du sens fut déjà posée par ses prédécesseurs et si des réponses concernant ses modalités et ses conditions furent données, Wittgenstein voulut en comprendre le fonctionnement. Pour Frege et Russell, le sens est tributaire de la dénotation des noms qui composent la proposition. Il est vrai que Frege envisagea la possibilité que la proposition puisse avoir un sens même si les noms qui la composent n'ont pas de signification, mais il mit en garde contre de tels énoncés. Quant à Russell, il défendit tout au long de sa philosophie l'idée que tout discours est nécessairement composé de noms d'objets et que l'on ne peut comprendre toute expression que l'on ne saurait analyser en noms d'objets. En revanche, pour Wittgenstein il ne suffisait pas de lier le langage au réel, mais il lui fallut, dans un premier temps, à l'époque du *Tractatus*, comprendre ou du moins envisager les conditions de possibilité de ce lien, et, dans un second temps, poser la question des conditions permettant de partager le sens et donc de communiquer.

Wittgenstein commença par procéder d'une manière très méthodique en précisant ce qu'est le monde, ce qu'est le langage et de quelle manière ce dernier peut l'exprimer, en dépit de leur hétérogénéité. Il lui fallut donc absolument trouver un moyen terme capable de les relier.

Comme nous l'avons vu dans la biographie de l'auteur, Wittgenstein se destinait à l'ingénierie, mais c'est la mécanique et ses lois qui lui ouvrirent les portes de la philosophie car, en l'étudiant, il s'arrêta surtout à son langage, lequel « détermine une forme de description du monde en disant : toutes les propositions de la description du monde doivent être obtenues d'une manière donnée à partir d'un certain nombre de propositions données – les axiomes de la mécanique » (*TLP*, 6 341). Ainsi, bien que formelles et mathématiques, les lois de la mécanique sont capables d'expliquer les phénomènes. Il s'interrogea alors sur la possibilité pour un langage unique d'exprimer le monde, le réel, de la même manière que la mécanique le fait en physique. Ce qui suscita la réflexion de Wittgenstein laisse déjà entrevoir l'importance qui sera donnée au côté formel du langage en question. Ce langage unique qui pourrait, à l'instar de la mécanique, représenter fidèlement le monde doit impérativement avoir un point commun avec celui-ci – question du moyen terme entre le langage et la réalité telle que nous en avons l'expérience que ni Frege, ni Russell n'avaient posée.

L'ATOMISME LOGIQUE

Comme ses contemporains, étant l'un des principaux fondateurs de la philosophie analytique, Wittgenstein pense que seule l'analyse permet de comprendre le sens d'un langage, tout comme l'analyse chimique permet de connaître la matière. Si cette analyse favorise le dévoilement du sens, elle se devra donc de dévoiler en même temps le réel en mettant à jour sa correspondance avec lui. La première expression de cette philosophie du langage se trouve justement dans l'atomisme logique qu'il partage avec Russell, lequel ne s'en défait jamais contrairement à Wittgenstein qui s'en démarque quelques années après la publication du *Tractatus*.

La problématique wittgensteinienne qui se donne pour ambition de clarifier la nature du lien entre le langage et le réel, permettant au premier de dire le second et d'établir un parallèle entre les deux, justifie le fait que le langage du *Tractatus* soit double, ontologique et logique, sans qu'il s'ensuive aucune ambiguïté ni même dichotomie.

Étant donné que le langage est essentiellement représentatif du réel, le *Tractatus* commence par une ontologie qui consiste à définir le monde, les faits et les objets. En effet, sa philosophie de l'atomisme logique se concentre dans l'idée que « La réalité empirique est circonscrite par la totalité des objets… » (*C*, 26-4-1916 et *TLP*, 5 5561) car si le monde se définit effectivement comme étant la totalité des faits, ceux-ci sous-entendent les objets qui les constituent. Le parallèle recherché implique que le langage, en tant que totalité des propositions, soit circonscrit par la totalité des noms qui renvoient à ces objets car ce sont les relations entre ces noms qui permettent de constituer les propositions, lesquelles sont atomiques ou élémentaires au sens logique du terme.

Cette conception atomiste de la proposition est clairement reliée à la thèse *extensionnaliste* du langage inspirée de Frege, selon laquelle le sens et la valeur de vérité d'une proposition dépendent du sens et de la valeur de vérité de ses parties constitutives. Wittgenstein dit lui-même : « je conçois la proposition avec Frege et Russell comme fonction des expressions qu'elle contient » (*TLP*, 3 318). Ce qui signifie plus exactement que « la proposition est une fonction de vérité des propositions élémentaires » ; de même que le sens des propositions complexes dépend de celui des propositions atomiques, puisque « les possibilités de vérité des propositions élémentaires sont les conditions de la vérité et de la fausseté des propositions » (*TLP*, 3 318, 4,5). Donc, si on pouvait disposer de tous les noms d'objets, on pourrait constituer par là-même toutes les propositions élémentaires, on peut même dire qu'elles se constitueraient quasi-automatiquement car la signification des noms consiste dans toutes leurs relations possibles. Ce sont, ainsi leurs combinaisons qui nous donnent tout le discours sensé.

C'est ce que Wittgenstein exprime clairement en particulier dans la proposition 4 51 du *Tractatus* en affirmant ceci : « À supposer que toutes les propositions élémentaires me soient données, on peut alors simplement demander : quelles propositions puis-je former à partir d'elles ? Et la réponse est : *toutes* les propositions, ainsi se trouvent-elles délimitées ». En 1913 déjà, lorsqu'il préparait son traité, il relève l'idée que « les propositions moléculaires ne contiennent rien de plus que ce qui est contenu dans leurs atomes, elles n'ajoutent aucune information matérielle à celle que contiennent leurs atomes… Il est a priori vraisemblable que l'introduction des propositions atomiques est fondamentale pour la compréhension de toutes les autres espèces de propositions » (*C*, App. I, 181-182). La méthode d'analyse permet donc de dire que les propositions complexes (moléculaires) sont analysées en propositions simples ou atomiques et celles-ci en noms, de la même manière que le réel s'analyse en faits et ceux-ci en objets.

Wittgenstein définit manifestement la proposition par le sens, lequel est tributaire de la signification des noms qui la composent, et l'on comprend alors la tripartition faite par le philosophe entre proposition sensée, insensée ou hors du sens.

Une proposition est *sensée* (*sinnig*) parce qu'elle peut être vérifiée, ce qui signifie qu'il est théoriquement possible de la vérifier. En d'autres termes, pour qu'un énoncé soit une proposition, il lui suffit donc d'être composé de noms qui renvoient au réel et d'être correct d'un point de vue syntaxique. Il énonce un fait qui pourrait lui correspondre.

En revanche, une proposition *insensée* (*unsinnig*) contient des mots qui n'ont pas de signification, comme c'est le cas, en particulier, des énoncés métaphysiques et spéculatifs en général. Ces énoncés ne peuvent qu'être absurdes dans la mesure où ne sachant pas à quoi ils se rapportent, il est impossible de les vérifier. Ce qu'ils énoncent ne peut correspondre à un fait parce qu'aucune correspondance ne peut être établie entre les signes qui les composent et ce qu'ils sont censés représenter. Ils sont radicalement inconcevables car on ne peut concevoir la méthode de leur vérification.

« Le tableau est blanc » ou « un chat est sur la lune » sont des propositions que nous comprenons en vertu de la signification des mots qui les composent, contrairement à des énoncés du type « L'être en soi est pour soi » ou « L'angoisse révèle le néant », que nous ne comprenons pas parce que nous n'avons pas donné de signification aux termes employés. C'est pour cela que « ...quand quelqu'un ...voudrait dire quelque chose de métaphysique, lui démontrer toujours qu'il a omis de donner, dans ses propositions, une signification à certains signes » (*TLP*, 6 53).

À côté des propositions sur les objets et celles sur les non-objets, Wittgenstein énonce une troisième catégorie de propositions, celles qui sont *hors du sens* (*sinnlos*) et vides de tout contenu. Elles n'ont donc pas de sens sans être pour autant insensées dans le sens d'absurdes car elles n'ont aucune prétention informative. Il s'agit des propositions formelles qui sont vraies ou fausses en vertu seule de leur structure.

En réalité, cette distinction entre ces trois types d'énoncés se ramène à une bipartition entre les propositions et les pseudo-propositions. Celles-ci sont effectivement de deux sortes, celles qui sont absurdes parce qu'elles prétendent dire l'invérifiable et celles qui n'ont pas de rapport avec le sens. Le concept de pseudo-proposition n'est ainsi pas nécessairement péjoratif et toute pseudo-proposition n'est pas absurde. Wittgenstein distingue entre deux sortes de pseudo-proposition avec un statut différent : d'une part, les énoncés logiques, les énoncés éthiques et les énoncés esthétiques, d'autre part, les énoncés spéculatifs. La catégorisation des propositions est assez fine, mais, en fin de compte, seuls les énoncés sensés sont des propositions car « ce qui se laisse décrire peut aussi arriver.... » (*TLP*, 3 62).

Si les propositions logiques ne disent rien en elles-mêmes, c'est dans le sens où elles admettent toutes les réalités possibles et donc aucune en particulier. On peut alors comprendre qu'elles aient quand même un rapport avec la réalité car la logique fournit en fait la structure logique de toute description, elle en est l'échafaudage. Wittgenstein dit à ce propos que les tautologies « présupposent que les noms ont une signification, les propositions élémentaires un sens, et c'est là leur connexion avec le monde » (*TLP*, 6 124). Ce sont des pseudo-propositions, car on ne peut même pas dire qu'elles sont vraies puisqu'elles le sont par définition : « On ne peut pas dire d'une tautologie qu'elle est vraie, car elle est créée vraie » (*C*, 6-6-1915). Or, toute proposition, doit pouvoir être par définition vraie ou fausse selon son rapport avec le réel. Pour ce faire, elle doit d'abord avoir un sens. La logique est ainsi indicible car, non seulement, elle ne dit rien mais on ne peut pas en parler non plus.

Les énoncés éthiques et esthétiques font partie de l'indicible, même s'il semble que l'éthique jouisse d'un statut privilégié chez Wittgenstein et tienne une place essentielle dans sa vie, comme en témoigne son tempérament « exigeant » et même parfois « impitoyable » envers les autres et également envers lui-même. Il faut tout d'abord remarquer que l'éthique ne peut pas être confondue avec la métaphysique, malgré ce qu'elles peuvent avoir de commun en raison de la définition fondamentale du sens, comme étant la possibilité de savoir ce qui arriverait si notre proposition était vraie, et requérant par là-même que cette dernière soit constituée de noms d'objets. L'éthique n'est certes pas une science empirique, qui traite des objets, mais il est intéressant de noter que Wittgenstein l'assimile à la logique et non à la métaphysique, s'opposant ainsi aux néopositivistes et, en particulier, à Moritz Schlick qui envisage la possibilité d'une science empirique des normes, dans son livre *Questions d'éthique* (*Fragen der Ethik*, 1930).

Cette espèce de catégorisation des propositions se retrouve dans la distinction entre le dicible et l'indicible, en ce sens que n'est dicible que ce qui est potentiellement vérifiable. Tout ce qui a un sens est un propos sur les objets, ceux-ci garantissent le sens, mais l'envers du sens n'est pas uniquement le non-sens, il est aussi le mystique. Cette autre face de la pensée du grand logicien agaça littéralement ses contemporains.

LES PSEUDO-PROPOSITIONS ET LE MYSTIQUE

Si l'éthique n'est pas assimilée à la métaphysique mais à la logique, c'est parce que, comme elle, elle « ne traite pas du monde. L'éthique doit être une condition du monde, comme la logique » (*C*, 24-7-1916). En d'autres termes, comme la logique, l'éthique est transcendantale (*TLP*, 6 13). Comme elle, elle est alors forcément indicible et "ne se laisse pas énoncer", elle est à ce titre également "transcendante" (*TLP*, 6 421). Par ailleurs, Wittgenstein associe l'éthique à l'esthétique par le fait que les deux disciplines cherchent l'harmonie. Nous verrons que le Bien consiste pour lui dans l'harmonie avec le monde.

Cette association de l'éthique à la logique demande quelque clarification. En effet, si la logique est la condition du monde, cela peut se comprendre dans l'économie du *Tractatus*, puisque la logique est nécessaire et détermine la totalité du sens ou du dicible, ceci en déterminant toutes les combinaisons d'objets possibles. L'aphorisme 6.3 va même jusqu'à affirmer que « hors de la logique, tout est hasard ». L'éthique, quant à elle, serait, en revanche, une condition du monde tout en étant contingente, puisqu'il n'y a de nécessité que la nécessité logique. De plus, elle se différencie tout de même de la logique, en étant « profonde et mystérieuse » selon l'expression de Wittgenstein par opposition au cristal de la logique.

Comment peut-on, dès lors, cerner l'éthique dans le *Tractatus* étant donné la place discrète mais prépondérante qu'elle y tient en tant que condition du monde et l'importance qu'elle a également dans la vie privée de Wittgenstein ?

Tout d'abord, le bien et le mal ne sont ni des objets, ni des prédicats que l'on peut attribuer à des objets. Ils ne font pas partie du monde. En effet, on ne peut porter un jugement de valeur, étant donné que « les propositions ne peuvent rien exprimer de supérieur » (*TLP*, 6 42). *Bien* et *mal* sont plutôt des caractéristiques du sujet, du sujet de la volonté que Wittgenstein distingue du sujet de la représentation. Seulement, le sujet n'est pas non plus objectivable pour Wittgenstein. Il n'est « rien », qu'il soit sujet de la représentation ou sujet de la volonté. Ces deux sujets constituent respectivement les conditions de la représentation et de l'éthique. Dans le *Tractatus*, de la même manière que le monde est nécessairement celui de la représentation, forcément celle d'un sujet, il ne peut y avoir d'être sans volonté, et donc sans sujet, puisqu'il ne peut y avoir de monde sans éthique. Par conséquent, c'est le sujet de la volonté qui est le support de l'éthique. En clair, c'est parce que le monde est forcément mon monde qu'il y a un *je* de la représentation et c'est parce qu'il n'y a pas un monde sans éthique, qu'il y a un *je* de la volonté. Ils sont inférés et s'imposent logiquement en quelque sorte.

On peut dire que les valeurs morales ne sont pas objectives, qu'elles ne se rapportent pas au monde, mais ne peuvent se rapporter qu'au sujet, lequel n'est pourtant qu'une « frontière » pour Wittgenstein. Ce qui nous permet seulement de confirmer que le domaine de l'éthique est ineffable à l'instar de tout domaine axiologique. Mais, de surcroît, il est « mystérieux ». Que faut-il entendre exactement par ce mot ?

Il s'agit de ce qu'on ne peut ni exprimer ni cerner, qui n'est pas un objet mais qui n'est pas « rien » à proprement parler non plus. Wittgenstein accorde une importance toute particulière et quasi-religieuse à cette dimension de l'homme et de la vie. C'est un des points fondamentaux par lesquels il se distingue des néopositivistes en général, en ce sens que l'essentiel n'est pas ce que nous pouvons dire, ce qui fait partie du domaine du dicible mais, au contraire, ce sur quoi nous devons garder le silence. N'a-t-il pas justement tenu ces propos déconcertants dans une lettre non datée à Ficker à propos du *Tractatus*, qui fut envoyée probablement à l'automne 1919 : « … Le sens du livre est un sens éthique… Je voulais écrire ceci…, mon œuvre se compose de deux parties : celle qui est présentée, plus tout ce que je n'ai pas écrit. Et c'est précisément la seconde qui est importante. » Il rajoute ceci : « Mon livre trace les limites de la sphère de l'éthique en quelque sorte de l'extérieur, et je suis convaincu que c'est la seule façon rigoureuse de les tracer… Bref, je pense que, sur un sujet sur lequel beaucoup d'autres aujourd'hui ne font que parler pour ne rien dire, j'ai trouvé le moyen dans mon livre de tout mettre fermement en place en gardant le silence à ce propos » (V. Wright, *Wittgenstein*, 94). La seconde partie de l'œuvre que Wittgenstein dit ne pas avoir écrite, parce qu'elle est indicible, constitue précisément le versant mystique de sa philosophie. L'inexprimable est, selon l'expression du philosophe dans une lettre à Engelmann du 9 avril 1917, « inexprimablement contenu dans l'exprimé ».

Wittgenstein détermine clairement ce qu'il entend par *mystique*. Marquons les points suivants :

1) Le monde comme totalité : « Ce n'est pas comment est le monde qui est le mystique, mais qu'il soit » (*TLP*, 6 44). On se souvient qu'au début de son traité, il définit le monde comme étant « déterminé par les faits, et par ceci qu'ils sont *tous* les faits » (1 11). On ne peut donc le saisir en tant que tel.

2) Plus généralement, le mystique comprend les questions que la science ne peut pas résoudre : « La tendance vers le mystique vient de ce que la science laisse nos désirs insatisfaits » (*C*, 25-5-1915).

3) Le sens de la vie, auquel Wittgenstein donne également le nom de Dieu : « N'est-ce pas la raison pour laquelle les hommes, à qui après de longues périodes de doute, le sens de la vie était devenu clair, ne pouvaient alors dire en quoi consistait ce sens ? » (*C*, 7-7-1916).

4) Les énoncés éthiques : « Il est clair que l'éthique ne se laisse pas énoncer » (*TLP*, 6 421).

5) On peut ajouter aussi le sujet, qualifié de « mystérieux », puisqu'on ne peut en parler, et qu'on ne peut le déterminer positivement. Comme on l'a vu,

le sujet de la représentation est impliqué par l'idée que le monde est mon monde. Il le dit très clairement : « le *je* fait son entrée dans la philosophie grâce à ceci : que le monde est mon monde » (*TLP*, 5 541). Cette idée va très loin, puisque « les frontières de mon langage sont les frontières de mon monde » (*TLP*, 5 6). L'analogie que fait Wittgenstein avec l'œil qui voit sans entrer dans le champ de la vision est très éclairante : « Rien dans le champ visuel ne permet de conclure qu'il est vu par un œil » (*TLP*, 5 633). Ce que Wittgenstein résume en disant que « le je n'est pas un objet » (*C*, 7-8-1916), il se représente les objets et on ne peut donc en parler. Il n'est pas quelque chose sans être rien pour autant.

6) La forme logique, en particulier : « La proposition ne peut que figurer la forme logique, elle en est le miroir. Ce qui se *reflète* dans la langue, celle-ci ne peut le figurer. Ce qui *s'exprime* dans la langue, *nous* ne pouvons par elle l'exprimer. La proposition *montre* la forme logique de la réalité. Elle l'indique » (*TLP*, 4 121). Il ne peut y avoir de métalangage ou de hiérarchie des langages comme l'ont soutenu ses contemporains tels que Russell et Carnap : « Ce qui *peut* être montré ne *peut* être dit » (*TLP*, 4 1212).

Ainsi, les pseudo-propositions sont soit les propositions axiologiques en général, qu'elles soient logiques, esthétiques ou éthiques, et là Wittgenstein développe toute « une théorie » du mystique, soit métaphysiques et relevant du non-sens et de l'absurde. Le non-sens consiste à prétendre que les pseudo-propositions, qui ne sont pas composées de véritables concepts, disent quelque chose de sensé et qu'elles peuvent à ce titre être mises à l'épreuve.

Un des sens du mystique est religieux mais dans un sens propre à Wittgenstein. Dans ses premiers écrits, le nom de *Dieu* est paradoxalement assez souvent utilisé, que ce soit dans le *Tractatus* ou dans les *Carnets* de guerre surtout. Il semble que, toutefois, dans un cas comme dans l'autre, il ait une conception assez particulière du divin. Durant cette période, on retrouve l'idée quasi permanente qui consiste à voir en l'Homme la partie d'un tout avec lequel il doit être en harmonie. « Le sens de la vie – dit-il – c'est-à-dire le sens du monde, nous pouvons lui donner le nom de Dieu » (*C*, 11-6-1916). Éthique et religion vont de pair et le bien est tout simplement l'harmonie que nous pouvons ressentir et éprouver sans aucune forme de mystère. Pour Wittgenstein, la vie correcte « se justifie par elle-même », elle est « l'unique vie correcte ».

Ainsi, il y a une sorte de fusion entre le monde, la vie et l'individu. Croire en Dieu revient à croire que la vie a un sens, ce dernier se pratique en quelque sorte dans l'harmonie dans laquelle nous nous trouvons et devons-nous trouver. Autrement dit, le bien ne l'est pas pour l'individu mais pour le monde. Le bien rejoint le bonheur et une certaine religiosité dans le sens d'une sérénité et d'une sorte d'intégration spontanée dans notre monde. La vie religieuse n'a ainsi pas de rapport avec l'église ou un dogme quelconque mais avec l'éthique. C'est ainsi qu'en écrivant, dans les *Carnets*, qu'il accomplissait « la volonté de Dieu », Wittgenstein signifiait la nécessité d'être en accord avec le monde : « je suis, pour ainsi dire, en accord avec cette volonté étrangère, dont je parais dépendre ». Donc, même si Wittgenstein fut en un sens profondément religieux, même si la lecture de certains textes, tels que les *Carnets Secrets*, nous montrent un Wittgenstein implorant l'aide et le soutien de Dieu, il ne s'engagea jamais dans une institution religieuse et n'adopta jamais formellement une religion quelconque.

Ces remarques sur la religion ne contredisent pas celles du Wittgenstein qui envisageait après la première guerre de se faire prêtre, car son objectif n'avait rien de religieux. Il cherchait plutôt à vivre simplement. Il obtint, d'ailleurs, la possibilité de travailler en tant que jardinier dans un monastère, attiré qu'il était non par la vie religieuse mais par une simplicité de vie et par un désir d'abnégation.

On peut dire que déjà la religion fut pour lui une forme de vie. En effet, en août 1916, il écrivit ceci dans ses *Carnets* alors qu'il était sur le front : « je continue à vivre dans le péché, ce qui veut dire dans le malheur. Je suis las et sans joie. Je vis en discorde avec tous ceux qui m'entourent ». Ce qui resta d'actualité dans ses conceptions plus tardives, où l'Homme est conçu plus que jamais comme « l'Homme avec l'autre ».

CE QUI PEUT ÊTRE DIT – L'OBJET COMME GARANT DU SENS

Si, selon ces deux aphorismes :

> *Le nom signifie l'objet. L'objet est sa signification*, (*TLP*, 3 203)

et :

> *On la* (la proposition) *comprend quand on comprend ses constituants*, (*TLP*, 4 024),

Wittgenstein fait de l'objet qui correspond au nom sa signification, il est, toutefois, important de ne pas isoler cette idée de son contexte. Ne perdons pas de vue, en effet, que pour lui le monde est composé de faits et non d'objets, et en vertu du principe de l'atomisme logique, le langage est composé de propositions et non de noms. Seulement, il est évident que les faits sont composés d'objets et par conséquent, les propositions de noms. C'est parce que la signification du nom est l'objet, l'objet qui lui correspond, qu'il est possible d'établir un parallèle entre les noms et les objets. Ce sont les noms qui garantissent le sens de tout discours possible, dans la mesure où n'auront de sens que les énoncés composés de ces noms d'objets. Ceux-ci sont simples et primitifs (*TLP*, 3 26).

Bien que cette conception de l'objet paraisse, certes, a priori très claire, elle n'en demeure pas moins assez ambiguë dans la mesure où elle peut générer des malentendus. En effet, si, comme nous l'avons dit, les objets sont simples, on devrait s'attendre à ce qu'ils soient les résidus de l'analyse. En réalité, « de même que nous ne pouvons absolument nous figurer des objets spatiaux en dehors de l'espace, des objets temporels en dehors du temps, de même ne pouvons-nous nous figurer *aucun objet* en dehors de sa connexion avec d'autres » (*TLP*, 2 0121). Même s'il est vrai que le nom est défini comme étant ce qui désigne un objet, c'est-à-dire ce qui signifie ou dénote un objet, l'idée que l'analyse du réel s'arrête aux faits et celle du langage aux propositions confère aux objets et par conséquent aux noms un statut particulier. En effet, selon Wittgenstein, les objets sont postulés ou plus précisément l'individualité des objets est postulée, puisqu'on ne peut les considérer dans leur individualité, dans leur indépendance et dans leur simplicité. Dans ses *Carnets*, il écrit en date du 26-6-15 : « Notre difficulté consistait en ceci que nous parlions toujours d'objets simples sans pouvoir en exhiber un seul. Si le point n'existe pas dans l'espace, ses coordonnées non plus ;

et si les coordonnées existent, alors le point existe. Il en est ainsi en logique. Le signe simple est *essentiellement simple*. Il fonctionne comme un objet simple. Sa composition devient complètement *indifférente*. Elle s'évanouit à nos yeux ».

La totalité des objets constitue ce que Wittgenstein appelle *la substance*. Ce concept est un des concepts les plus importants pour la compréhension du *Tractatus*. La substance y est définie comme étant la totalité des objets. « Les objets constituent la substance du monde. C'est pourquoi ils ne peuvent être composés » (*TLP*, 2 021). Elle « est ce qui existe indépendamment de ce qui a lieu » (*TLP*, 2 024). Donc, rien ne pourrait avoir lieu, et rien, par conséquent, ne pourrait être dit, si la substance et donc les objets n'existaient pas ou plus exactement, n'étaient pas supposés exister. Pour dire un sens, toute proposition doit être composée de noms qui signifient des objets prélevés de cette substance préexistante, en quelque sorte.

Ainsi, seules les combinaisons d'objets, les états de choses qui pourraient avoir lieu peuvent être dits et c'est là que la signification des noms se précise. Ce qui explique que connaître un objet et par conséquent la signification du nom qui le nommerait revient à connaître « l'ensemble de ses possibilités d'occurrence dans des états de choses » (*TLP*, 2 0123).

En d'autres termes, si je connais un objet, je sais avec quels autres objets il peut être en rapport, ce qui revient à dire, en vertu du parallèle établi par l'atomisme logique entre le monde et le langage, que je connais la signification d'un mot, si je connais sa syntaxe (si je sais avec quels autres mots il peut être lié). Par conséquent, connaître la signification d'un mot c'est savoir l'utiliser.

Ce que Wittgenstein affirme lui-même puisque, selon la proposition 3 328 du *Tractatus*, « Si un signe n'a pas d'usage, il n'a pas de signification ».

La question qui se pose est de savoir comment on peut connaître les différents usages d'un mot et de quel type sont ces usages. Comment savoir que tel objet peut apparaître dans tel ou tel état de choses ? Pourquoi certaines combinaisons d'objets sont-elles inappropriées ?

La réponse de Wittgenstein est assez obscure. Il affirme que la relation entre les objets est inscrite dans la nature de l'objet, chacune des possibilités d'occurrence d'un objet dans un état de choses « doit être inhérente à la nature de cet objet. Il n'est pas possible de surcroît de trouver une possibilité nouvelle » (*TLP*, 2 0123). Lorsqu'on considère l'évolution de la pensée de Wittgenstein, on peut penser que par l'idée que les objets sont connectés naturellement entre eux, il annonçait déjà une espèce d'habitude qui nous procurerait une certaine aisance dans l'usage du langage. Il fait partie de l'essence des objets d'être des éléments constitutifs des états de choses (*TLP*, 2 011).

Le concept d'usage n'est donc pas l'apanage de la philosophie post-*Tractatus*. Toutefois, il est évidemment différent de celui des écrits post-*Tractatus*, comme nous le verrons. En effet, une proposition y a un sens, si elle exprime un état de choses. Il suffit donc que l'on parle d'objets réels (ou dits réels) et le reste est affaire de syntaxe : « La manière déterminée dont les objets se rapportent les uns aux autres dans l'état de choses est la structure de ce dernier » (*TLP*, 2 032), c'est ainsi que l'objet se définit par sa forme, puisque « La possibilité de ses occurrences dans des états de choses est la forme de l'objet » (*TLP*, 2 0241).

On peut ainsi dire que, théoriquement, à chaque signe doit correspondre un objet qui est sa signification, mais qu'en réalité la signification d'un mot est son usage syntaxique correct. Par ailleurs, étant donné que la substance est fixe et déterminée, la totalité des différents usages possibles ne peut être également que théoriquement déterminée. Nous ne pouvons disposer que d'un nombre déterminé ou limité de possibilités de combinaisons. C'est ce que Wittgenstein résume en disant ceci : « Si tous les objets sont donnés, alors sont aussi en même temps donnés tous les états de choses *possibles* » (*TLP*, 2 0241). Toutes les possibilités de combinaisons d'un objet lui sont sous-jacentes, et c'est là que réside la définition même de l'objet.

Cette conception se retrouve, bien sûr, au niveau du nom et de la proposition, puisque même si la signification du nom est l'objet, « …ce n'est que lié dans une proposition qu'un nom a une signification » (*TLP*, 3 3). Dans ce cas il n'est pas possible de considérer le nom hors de la proposition et donc de son contexte. Autrement dit, il y a au départ le monde, composé de faits, eux-mêmes composés d'objets, lesquels sont déterminés et stables, et donc communs à tous les mondes possibles (y compris le réel, qui est d'abord possible avant de devenir réel). Le dicible aura nécessairement un rapport avec ces objets et toute proposition sensée devra être composée des noms de ces objets, qui sont préfixés, en quelque sorte, et qui sont nécessairement reliés les uns aux autres. Étant toujours dans un contexte propositionnel, les noms ne servent donc pas à nommer des objets en les distinguant les uns des autres. Il est important de noter que, en réalité, Wittgenstein n'a jamais soutenu cette idée. Sa conception de l'objet est beaucoup plus subtile et les aphorismes du

Tractatus ne peuvent pas être rendus indépendants les uns des autres, puisque chacun est l'élucidation du précédent.

Pour préciser ce que sont les noms, on ne pourra donc pas dire qu'ils sont des signes nommant des objets, mais plutôt que ce sont tout simplement les composantes de la proposition. En effet, « les composantes d'une proposition – dit Wittgenstein – doivent être simples = la proposition doit être complètement articulée » (*C*, 19-6-1915 et *TLP*, 3 251). En d'autres termes, pour qu'une proposition puisse avoir un sens, il est nécessaire « que soit fixé à l'avance l'emploi syntaxique de chacune de ses parties ». Il ne peut y avoir de proposition sensée que s'il y a des noms censés renvoyer à des objets simples, *c'est une condition logique*. Le simple est « présupposé » dans et par le complexe. Pour Wittgenstein, l'idée de simplicité s'impose en fait : « …L'idée ne cesse de s'imposer à nous qu'il y a quelque chose d'indécomposable, un élément de l'être, bref une chose …nous sentons que le monde est composé d'éléments » (*C*, 17-6-1915), car il est évident que rien n'empêche qu'une analyse se poursuive ; mais si les parties n'étaient pas simples, elles ne seraient plus des parties (*C*, 17-6-1915). Les noms n'existent que comme partie des propositions et les objets n'existent que comme parties des faits. Effectivement, le nom est le représentant de l'objet (*TLP*, 3 22) mais il l'est dans la proposition, en ce sens qu'elle « … peut seulement dire comment est une chose, non ce qu'elle est » (*TLP*, 3 221).

En un mot, postuler les signes simples est en fait une nécessité logique, sans laquelle, on ne pourrait pas parler de sens : « Requérir la possibilité des signes simples, c'est requérir la détermination du sens. » (*TLP*, 3 23). D'ailleurs, les prédicats et les propriétés sont aussi des objets, et Wittgenstein parle d'une « simplicité construite ». Dans « Socrate est mortel » par exemple, « Socrate » et « mortel » fonctionnent comme des noms simples susceptibles de renvoyer à des objets simples (*C*, 16-6-1915), mais ces signes ne sont en réalité jamais indépendants, d'autant que leurs usages sont logiquement prédéterminés.

On peut résumer tout ceci avec Wittgenstein en ces termes : « La réalité empirique est délimitée par le nombre des objets. Cette délimitation se manifeste de nouveau dans la totalité des propositions simples » (*C*, 26-4-1916 et *TLP*, 5 5561). Il faut que l'analyse s'arrête pour accéder au sens car, pour qu'une proposition puisse avoir un sens, elle doit avoir le même nombre d'éléments que ce qu'elle représente. Ces éléments sont justement les objets, et c'est à ce titre qu'ils doivent être simples. « Quand je procède ainsi, et dénote les objets par des noms, en deviennent-ils pour autant simples ? Quoi qu'il en soit, la proposition est une image de ce complexe. Cet objet est simple pour moi ! » (*C*, 22-6-1915). Chaque objet appartient à un espace logique. Ainsi, dire par exemple « La montre est assise sur la table » est vide de sens, parce que chaque objet est déterminé par son espace logique, la montre et la propriété d'être assis n'appartenant pas au même espace, à la même sphère, selon l'expression de R. Carnap.

Ainsi, le monde est composé de faits et nécessite logiquement que les objets qui les constituent existent. Comment une telle correspondance entre le langage et le réel empirique qu'il représente peut-elle être possible ? Comment ce monde peut-il être exprimé, représenté par le langage qui en serait une image ?

LA LOGIQUE COMME MOYEN TERME

D'après la proposition 2 1 du *Tractatus*, « nous nous faisons des images des faits » et l'image est d'après la proposition 2 12, un modèle de la réalité (*Modell der Wirklichkeit*). Il est important de noter que Wittgenstein utilise les termes "*image*" et "*modèle*" dans un sens mathématique et non naturaliste. Pour que la relation entre la proposition et le fait soit possible, il faut que l'image et le fait, que la proposition et ce qu'elle représente aient quelque chose en commun. Il s'agit de la forme logique. Cette forme qui est commune à tous les mondes possibles « consiste justement dans les objets » (*TLP*, 2 023). Elle est ce qui permet de définir les objets, elle est la possibilité qu'ils ont de faire partie d'un état de choses et elle est déterminée par l'espace logique. Celui-ci contient toutes les combinaisons possibles. Pour clarifier ce point de vue, on peut imaginer que nous sommes en présence de deux ensembles, le premier contiendrait les objets et le second tous les noms qui sont forcément, d'après l'atomisme logique, des noms d'objets. Une correspondance biunivoque devient ainsi concevable et on comprend dans quel sens la proposition qui exprime une pensée à l'aide des signes permet cette projection, car, dans une proposition, « il doit y avoir exactement autant d'éléments distincts que dans la situation représentée » (*TLP*, 4 04).

Ce qui permet à Wittgenstein de dire que nous nous faisons des images ou des tableaux (*Bild*) de la réalité, l'image étant constituée d'éléments qui correspondent aux objets qui constituent le fait (*TLP*, 2 13 et 2 131) et ayant la forme en commun avec ce qu'elle représente : Les objets sont connectés dans le fait et les noms le sont dans la proposition. Cette relation entre les objets peut être transmise fidèlement dans la proposition, laquelle exprime le fait possible ou réel. Le langage devient le miroir du réel, il le réfléchit.

Ainsi, la forme est la possibilité de structure (*TLP*, 2 033), celle-ci est la manière déterminée dont les objets peuvent se rapporter les uns aux autres (*TLP*, 2 032). L'image a la structure de la réalité quand elle représente un fait, mais en tant que représentation possible de la réalité, elle en a la forme. La distinction entre structure et forme correspond à celle entre possible et réel et, en termes wittgensteiniens, entre l'état de choses (*Sachverhalt*) et le fait (*Tatsache*).

La distinction entre l'état de choses et le fait

Toute proposition est-elle l'image d'un fait ?

Rappelons que pour Wittgenstein, le monde est la totalité des faits (1 1) et que le fait est « la subsistance (Das *Bestehen*) d'états de choses » (2). L'usage de ce pluriel « *états de choses* » a conduit certains commentateurs à une mésinterprétation qui consiste à comprendre le fait comme étant un complexe d'états de choses. Ce qui ne peut en aucun cas concorder avec la pensée de l'auteur car si les faits étaient complexes, ils ne pourraient plus être les constituants du monde. Cette idée étant on ne peut plus claire dans le *Tractatus*, Wittgenstein affirmant que « le monde se décompose en faits » (1 2). Étant donné que le tableau logique représente toutes les possibilités, c'est-à-dire toutes les combinaisons possibles entre tous les objets, le fait, qui est réel par définition, présuppose avant sa réalisation que plusieurs potentialités aient pu être concevables. Un fait n'est affirmé qu'après « une réserve de possibilités ».

Ainsi, le fait tout comme l'état de choses sont une connexion d'objets, ils sont donc constitués des mêmes objets faisant nécessairement partie de la substance. La seule différence entre les deux réside dans l'idée que le fait est réel, alors que l'état de choses est seulement possible. Il peut donc devenir un fait. Autrement dit, un fait est d'abord un état de choses ou encore un état de choses est un fait possible. La proposition qui énonce un fait énonce une relation réelle entre des objets et la proposition qui énonce un état de choses dit une relation possible d'objets.

Ainsi, une proposition n'est pas forcément l'image d'un fait, elle peut être simplement l'image d'un état de choses et cela suffit à lui conférer un sens. En fin de compte, c'est la relation entre les objets qui est réalisée ou non et, si le langage reflète le réel comme un miroir, il devient manifeste que l'idée de structure ou de forme est essentielle dans la conception wittgensteinienne et du langage et du monde, du moins au début de sa réflexion philosophique. En effet, cette théorie de l'image et du sens implique :

– que le sens se définit par la structure ou la forme,

– que la valeur de vérité se définit aussi par la structure,

– que le langage ne peut représenter le réel que parce qu'il a la même structure que lui. C'est donc la logique qui permet de relier le langage au réel.

Le rôle prépondérant de la structure et de la forme pour expliquer le lien entre le langage et le réel revient, comme on l'a dit, à l'influence de la mécanique hertzienne. Finalement il n'y a pas de dualité entre le logique et l'ontologique, ils se confondent même en un sens au point qu'on parle d'une ontologie logique chez

Wittgenstein. Si le langage a la même structure que ce qu'il représente ou exprime, les propositions de n'importe quelle langue sont censées avoir la même structure que ce qu'elles énoncent. Par conséquent, on peut tout à fait penser que « la traduction d'une langue dans une autre ne se produit pas par la traduction d'une proposition de l'une dans une proposition de l'autre ; seuls sont traduits les constituants de la proposition » (*TLP*, 4 025).

L'objet se définit par sa forme et c'est ce qui permet à Wittgenstein de dire que tous les mondes possibles ont la même forme. Ils ont la substance en commun et cette substance « ne peut déterminer qu'une forme et nullement des propriétés matérielles » (*TLP*, 2 0231). Les objets sont ce qui est fixe, subsistant et prédéterminé. Quant à la configuration, elle est ce qui est changeant et instable, même si cette instabilité est contenue, parce que nécessairement finie et déterminée par la totalité des objets. En effet, comme l'espace géométrique, l'espace logique montre les possibilités d'une existence. Il comprend toutes les possibilités comme le fait une table de vérité du calcul propositionnel.

Dans un premier temps, Wittgenstein, l'atomiste, relia le réel empirique au langage par le biais de la logique. Cette structure commune au monde et au langage servait en quelque sorte d'une forme pouvant être interprétée aussi bien par des noms et des propositions que par des objets et des faits. Le Wittgenstein logicien et mathématicien fait du monde et du langage des modèles – dans le sens mathématique du terme – pour la même structure. Cette conception atomiste d'un langage, obéissant aux lois de la logique et censée représenter fidèlement et rigoureusement le monde, s'est toutefois avérée trop étroite et incapable de dire tout le réel, le but du *Tractatus* étant de cerner le dicible. En réalité, le langage tel que nous l'utilisons est beaucoup plus souple, plus fluide et plus riche.

PAR-DELÀ LE *TRACTATUS*

Le fait d'avoir conçu le langage comme ne pouvant porter exclusivement que sur des objets conduit Wittgenstein inexorablement vers une impasse. En effet, la philosophie dans sa nouvelle acception a été définie comme étant l'analyse syntaxique du langage, ce qui implique directement que les propositions mêmes du *Tractatus* ne peuvent plus avoir aucune légitimité et que ce livre devient lui-même une erreur. Justement, à la fin du livre il écrit à propos des aphorismes qui constituent le traité qu'il vient d'achever qu'ils sont élucidants « à partir du fait que celui qui les comprend les reconnaît à la fin pour des non-sens … » (6 54). Il détruit ainsi sa propre philosophie en même temps que les autres discours insensés, parce qu'elle ne traite pas d'objets. Le *Tractatus* devient une sorte de mal nécessaire, car, s'il fallut d'abord tracer les conditions de possibilité du sens, une fois cette tâche accomplie, la philosophie n'eut plus de raison d'être et il fallut alors abandonner l'échelle qui l'avait aidée à s'élever. Comme Wittgenstein n'avait plus rien à dire ou plutôt comme il n'y avait plus rien à dire, il garda le silence jusqu'en 1929, année pendant laquelle il regagna Cambridge. Cet éloignement du milieu universitaire lui donna un nouvel élan, fondé sur l'abandon de l'atomisme logique comme thèse unique pouvant expliquer la manière dont le langage se rapporte au réel et sur la thèse d'extensionalité avec laquelle il va de pair. Cette première philosophie commettait l'erreur de faire de la logique le seul langage parfait ou plutôt idéal, alors qu'il ne correspond pas vraiment à la réalité et que le langage ordinaire n'est pas moins parfait.

Malgré une dizaine d'années d'isolement et de distance par rapport au milieu philosophique, le moins qu'on puisse dire est que Wittgenstein ne mit pas sa pensée à la retraite et qu'il commença à orienter clairement sa réflexion vers le langage ordinaire. Comme l'indiquent clairement les premiers paragraphes de ses manuscrits réunis sous le titre de *Remarques philosophiques*, est introduite l'idée que la philosophie n'a pas à s'occuper de la forme logique d'un soi-disant langage parfait. Au paragraphe 3 de ce même manuscrit, il remarque qu'il « serait étrange que la logique s'occupe d'un langage « idéal » et non du *nôtre*. En effet que pourrait bien exprimer ce langage idéal ? Mais justement ce que nous exprimons actuellement dans notre langage habituel ; alors c'est sur celui-ci que la logique doit donc porter son investigation ». Dans ce paragraphe crucial pour sa philosophie après le *Tractatus*, il est important de relever que Wittgenstein n'oppose pas logique et langage naturel, ils ne sont pas étrangers l'un à l'autre, car la logique, en fait, ne peut s'occuper que des propositions « comme elles sont ». Cet intérêt pour le langage ordinaire s'accompagne d'un changement de la méthode à appliquer en philosophie, cette méthode demeurant toujours, en quelque sorte, inspirée des mathématiques, comme nous le verrons.

Wittgenstein développe ainsi peu à peu une nouvelle conception du langage qui ne se fonde plus sur l'idée qu'à chaque nom correspond un objet, lequel serait sa signification : « C'est une manière naïve de comprendre la signification d'un mot que de se « représenter » sa signification quand on l'entend ou quand on le lit… » (*Rem. P*, 12). Il devient exclu par là-même que la référence aux objets puisse être la seule à pouvoir garantir le sens. Le langage n'est donc plus exclusivement focalisé sur la représentation et la signification se détermine désormais par l'usage des signes, celui-ci ne pouvant être que pluriel et surtout variable.

On peut dire que les deux principales idées qui vont orienter la philosophie post-*Tractatus* consistent, *la première* dans un intérêt pour le langage tel que nous l'employons dans toute sa diversité, le rôle de l'intention devenant par là-même crucial, et, *la seconde* dans l'idée que la signification des signes dépend d'un système de signes, donc d'un langage spécifique et plus seulement de leurs usages prédéterminés dans une proposition. Certaines idées défendues dans les premiers écrits de Wittgenstein ne devront pas être forcément rejetées mais plus exactement revues et complétées.

La proposition incomplète

La conception référentielle plutôt idéale du langage s'étant avérée aporétique, Wittgenstein remet en question certaines de ses propres idées et approfondit sa réflexion pour aboutir à l'idée que le langage est beaucoup plus vivant, moins figé et donc complexe. On ne peut plus se contenter d'en faire un miroir capable de réfléchir un réel plutôt circonscrit. Il est évident que le concept de proposition devra, par là même, connaître un changement.

Par définition, selon la logique, une proposition est complète et ne comporte pas d'ambigüité contrairement à une fonction propositionnelle. C'est ainsi que « x est autrichien » est une fonction qui attend un complément, tel que l'argument « Wittgenstein » par exemple pour se transformer en une proposition (vraie dans ce cas) : « Wittgenstein est autrichien ». Ce n'est même qu'à cette condition qu'un énoncé peut être une proposition et donc, selon Wittgenstein, l'image complète et parfaite de ce qu'elle représente. Pourtant, un énoncé peut tout à fait contenir des inconnus et être vrai ou faux, ce qui en fait automatiquement et paradoxalement une proposition. Wittgenstein commence alors à envisager le fait que des images puissent être incomplètes et par là même à penser que les règles de la logique ne peuvent pas couvrir tout le sens possible.

Précisons ce qu'est une proposition incomplète correspondant à une image qui serait forcément incomplète. Elle consiste en ceci que des variables y apparaissent (*WCV*, 22-12-1929). Si je dis par exemple que « J'ai vu deux étoffes de la même couleur », cela ne veut nullement dire que « ces deux étoffes étaient toutes deux vertes, ou toutes deux bleues, ou… », mais cela veut dire « j'ai vu une étoffe de la couleur x et une autre de la couleur x » (*WCV*, 22-12-1929). Aucune information n'est donc donnée quant à la couleur de l'étoffe. Wittgenstein donne plusieurs exemples de ce type de propositions, comme lorsqu'on dit que « dans cette pièce il y a une certaine quantité de chaises » ou encore « j'ai autant de pantalons que de vestes » et que le nombre de chaises ou de pantalons restent indéterminé (*Rem. P*, 89). Il s'agit bien de vraies propositions qui représentent une réalité, bien que celle-ci ne soit pas complètement déterminée, et laissent certaines informations en suspens.

Elles laissent, en quelque sorte, « des possibilités ouvertes » (*Rem. P*, 87). Ce qui revient à dire qu'une proposition peut signifier et être vraie ou fausse tout en étant générale, et ne spécifiant pas certains points. Ainsi, la réponse que nous pouvons faire à une question, par exemple, dépend du contexte d'énonciation, elle peut être complète ou incomplète selon ce que nous en attendons. Une proposition, vraie ou fausse, peut laisser dans le flou des points qui ne présentent pas d'intérêt dans le contexte d'énonciation. Dans le cas des exemples cités, cela peut ne pas nous intéresser de connaître le nombre exact de vestes et de pantalons ou encore la couleur précise de l'étoffe.

Proposition et système

Cette idée est primordiale dans le processus d'évolution de la pensée wittgensteinienne. Elle signifie, tout d'abord, que plusieurs systèmes de représentation sont possibles ; par conséquent, et c'est l'essentiel, d'autres systèmes, d'autres formes logiques sont possibles pour représenter la réalité. Cette multiplicité des formes de représentation a des conséquences très importantes. On n'est donc plus dans une forme unique de représentation qui serait de surcroît commune à tous les langages comme c'était le cas dans le *Tractatus*, parce que la nature des propositions n'y était pas prise en compte. Ce que Wittgenstein reconnaît lui-même : « J'avais établi des règles – dit-il – pour l'emploi syntaxique des constantes logiques, par exemple "p.q", sans avoir pris garde que ces règles pourraient avoir quelque chose à faire avec la structure interne des propositions. Ce qu'il y avait de faux dans ma conception, c'est que je croyais que la syntaxe des constantes logiques pouvait être établie sans que l'on prête attention au contexte interne des propositions. Mais il n'en va pas ainsi. Je ne puis pas dire par exemple : en un même et seul point, il y a du rouge et du bleu en même temps. Ici, le produit logique est impossible à opérer » (*WCV*, 2-1-1930). Cette idée va à l'encontre de l'atomisme logique, qui considère que les propositions élémentaires, atomiques sont indépendantes les unes des autres. En réalité chaque proposition est en relation interne avec les propositions du système auquel elle appartient, comme c'est le cas pour le système des couleurs par exemple.

Ce n'est d'ailleurs pas un hasard si des exemples en rapport avec les couleurs et leurs nuances sont très présents dans l'œuvre de Wittgenstein. Son intérêt pour les couleurs ne vise pas à ériger une théorie physiologique ou psychologique des couleurs, mais tout simplement une logique des concepts de couleurs. Tout est question de cohérence dans le système des couleurs (*RC*, I, 22). Seulement cette cohérence n'est pas due forcément à l'application de règles logiques.

Par conséquent, celles-ci ne sont pas toujours contraignantes. C'est ainsi que les connecteurs logiques eux-mêmes peuvent être employés différemment selon la nature de la proposition, en ce sens qu'utiliser une proposition revient à utiliser un langage duquel on ne peut l'extraire. Les propositions ne sont pas isolées et autonomes. Si je dis par exemple, « La table est carrée » et « la table mesure 2m^2 », la table de vérité correspondant à la conjonction de ces deux propositions est, comme on le sait, constituée de 4 lignes, dont le seul cas de vérité est celui dans lequel les deux propositions sont vraies.

Mais si je prends un deuxième exemple : « La rose est blanche » (P) et « La rose est rouge » (Q), selon les lois de la logique, qui font abstraction du contenu des propositions, la table de vérité sera identique à celle du premier exemple. Mais si on considère les propositions en elles-mêmes et leur système, la première ligne dans laquelle les deux propositions seraient vraies est exclue car selon le système des couleurs, le même objet ne peut être à la fois blanc et rouge. Ce que Wittgenstein avait déjà annoncé à la fin du *Tractatus* (6 3751) en parlant de structure logique de la couleur qui ne permet pas que « deux couleurs soient ensemble en un même lieu du champ visuel ».

Il est important de noter que si la logique permet une conjonction entre la proposition qui énonce que « la rose est rouge » et celle qui énonce que « la rose est blanche », alors que la grammaire du sens interdit de le faire – le système des couleurs interdisant la possibilité que la rose soit en même temps rouge et blanche – les deux possibilités sont également correctes selon le contexte d'usage et d'énonciation régi par ses propres règles. La conception du langage comme représentation d'un réel unique et stable cède la place à une conception plus ample d'un langage dynamique, vivant, pluriel, et régi par ce que Wittgenstein appelle la grammaire philosophique. Sa conception selon laquelle ce sont les règles de la logique qui régissent notre langage n'est pas rejetée et demeure valable, mais ce n'est plus dans l'absolu et l'exclusivité qu'elle l'est.

Ainsi, aucun système ne sera exclu. En revanche il serait faux de continuer à croire désormais que le *Tractatus* permettrait d'exposer et d'épuiser tout le sens et toute la grammaire. Wittgenstein le confirme dans une discussion avec Schlick du 2 janvier 1930 (WCV) en disant : « ce à quoi je n'avais pas pris garde la première fois, c'était que la syntaxe des constantes logiques ne forme qu'une partie d'une syntaxe plus vaste ». Aussi, « les règles concernant les constantes logiques ne forment qu'une partie d'une syntaxe beaucoup plus vaste, dont à l'époque, je ne savais encore rien ». Le champ de la grammaire et du sens est beaucoup plus étendu que semblent le fixer les règles de la syntaxe logique qui ne sont pas désuètes et rejetées, mais simplement insuffisantes par rapport à la réalité.

L'inférence logique et grammaticale

Il devient établi que le calcul des propositions n'est pas *le* calcul et les propositions ne sont pas isolées du langage auquel elles appartiennent. Si Wittgenstein abandonne l'atomisme logique comme théorie exclusive du langage et s'il n'est plus question de parler d'une manière unique d'un seul monde, alors la théorie de l'inférence connaît également une évolution. En effet, dans le calcul logique, toute inférence se fait en vertu des propriétés de la structure des propositions. Mais selon la nouvelle conception de la proposition, on peut tout à fait inférer la non présence d'une proposition à partir d'une autre, étant donné que des propositions peuvent s'exclure selon les systèmes dont elles font partie (*Rem. P*, 87).

En effet, dans une autre discussion avec Waismann, Wittgenstein remet clairement en question l'idée que l'inférence soit en rapport exclusif avec une conception vérifonctionnelle de la proposition : « Je n'avais pas encore conscience de tout cela à l'époque où je rédigeais mon traité ; je pensais alors que toute inférence reposait sur la forme de la tautologie. Je n'avais pas encore vu qu'une inférence peut aussi avoir la forme suivante : un homme fait 2 m de haut, donc il ne fait pas 3 m de haut. Cela tenait à ce que je croyais que les propositions élémentaires devaient être indépendantes, que l'on ne pouvait pas conclure de l'existence d'un état de choses à l'inexistence d'un autre état de choses. Mais si ma conception actuelle, qui recourt au système propositionnel est juste, c'est même une règle que l'on puisse conclure de l'existence d'un état de choses à l'inexistence de tous les états de choses décrits par le système propositionnel » (*WCV*, 25-12-1929).

Il y a donc deux types d'inférence qui ne s'excluent nullement, l'une repose sur le calcul des constantes logiques et l'autre sur les règles relatives à un système de langage, tel que par exemple, le système des couleurs, qui permet d'affirmer que A est vert et donc qu'il n'est ni bleu, ni rouge… Contrairement à ce que soutenait l'atomisme logique, une proposition dite simple n'est pas indépendante des autres propositions qui font partie du même système. Ce sont dorénavant les systèmes et non plus les propositions qui sont indépendants et autonomes.

La grammaire du sens

Cette évolution de la pensée de Wittgenstein est très importante car la conception nouvelle de la proposition prendra en compte les propositions elles-mêmes et leur contexte. Ce qui se traduit par l'idée que ce ne sont plus les règles de la logique, en priorité, qui gèrent notre langage mais les règles de la grammaire. Le concept de grammaire est déterminant dans la philosophie post-*Tractatus. Bien sûr*, il ne s'agit pas de la grammaire scolaire, ou de la grammaire dans le sens courant du terme, mais d'une grammaire du sens, ou encore « grammaire philosophique » qui nous permet de dire ou de ne pas dire certaines choses et donc d'exprimer un contenu correctement. Les règles de cette grammaire régulent le sens et non la syntaxe. On peut s'interroger sur les règles de cette grammaire que nous devons suivre pour que notre usage du langage soit à propos, car s'exprimer correctement ne l'est pas d'une manière absolue, indépendante des situations d'énonciation.

Cette grammaire n'énonce pas de règles; celles-ci sont plutôt appliquées de manière à ce que le système de langage dans lequel nous sommes et le contexte d'énonciation nous permettent ou nous interdisent de dire certaines choses. Un étudiant qui serait en train de passer un examen par exemple ne pourrait pas dire d'une manière sensée qu'il sait qu'il est en train de passer un examen, pensant rajouter une information par rapport au fait qu'il est en train de passer un examen. En revanche, il pourrait dire qu'il sait que x est en train de passer un examen. De même que « il y a du sens à dire : "il pleuvait et j'en ai su quelque chose", mais il n'y en a pas à dire : "j'avais mal aux dents et je le savais". "Je sais que j'ai mal aux dents" ou bien ne signifie rien ou bien signifie la même chose que "j'ai mal aux dents" » (*NEP*, 39). En d'autres termes, « si "avoir mal" et "savoir qu'on a mal" n'étaient pas une seule et même chose, vous pourriez avoir mal sans le savoir. Et vous pourriez alors *savoir* que vous avez mal *indirectement* » (*LSD*, II, 126). Il est à noter que Wittgenstein expose des cas « normaux » d'usages du langage. Il n'est pas d'usage qu'une personne ressentant une douleur rie, c'est-à-dire que son expression de la douleur ne soit pas conforme au langage auquel on s'attendrait pour exprimer ce sentiment (*RP*, 393). Ce qui ne nous empêche pas de comprendre cette expression « anormale » de la douleur et ce, grâce à d'autres indices précisant un contexte particulier. Cette grammaire du sens est ainsi une grammaire d'usage et d'application réelle. Mais, en même temps, il est indéniable, que même si cette grammaire n'énonce pas forcément des règles, elle ne peut pas ne pas faire appel à des règles, en vertu desquelles l'évaluation correcte ou pas de notre usage du langage est faite à chaque fois. Le respect des règles est en réalité ce qui fait que l'individu s'intègre ou non dans une communauté d'action quelconque. En revanche, comme nous le verrons, elles ne sauraient être formelles et mécaniques. Le concept de règles grammaticales illustre encore le fait que la philosophie de Wittgenstein présente de nombreux paradoxes. En effet, la grammaire philosophique ou grammaire du sens n'énonce pas de règles, pourtant elle se fonde sur des règles qui s'appliquent différemment selon les situations auxquelles elle devra s'adapter. Comment des règles peuvent-elles être appliquées différemment selon leurs contextes d'application ?

LE RETOUR AU « SOL RABOTEUX / RUGUEUX »

Si le langage n'est plus essentiellement représentation du monde mais qu'il doit néanmoins être lié au réel, c'est par conséquent, le concept de réel qui devra changer. Après le *Tractatus* qui débouche sur une aporie finale, le rôle du langage est désormais d'exprimer l'intention de dire quelque chose dans un contexte social. Pour Wittgenstein, on ne peut rien dire ou exprimer sans finalité : « Éliminez du langage l'élément de l'intention, c'est sa fonction tout entière qui s'écroule » (*Rem. P*, 15 et 20). Autrement dit, les signes de notre langage ne renvoient pas à des objets qui seraient leur signification, mais ils ont pour but de dire quelque chose à un interlocuteur, y compris, bien sûr, celui de représenter un fait

Le souci de Wittgenstein est d'expliquer cette nouvelle conception du langage et surtout de mettre à jour le mode de fonctionnement de la communication, sachant qu'on s'adresse nécessairement à un interlocuteur duquel on attend une réponse quelconque. Comment exprimer une intention ? Comment l'interlocuteur peut-il la comprendre ? Comment peut-on savoir si notre façon de nous exprimer est correcte ou pas ? Dans le *Tractatus*, notre philosophe avait montré que c'est la logique qui fait fonction de moyen terme entre le réel et le langage, que c'est grâce au partage de la structure logique qu'une application (*Abbildung*) peut être établie entre les deux, faisant que le langage devienne une image parfaite du réel. Dorénavant, pour expliquer le fonctionnement de la communication Wittgenstein devra montrer également quel est le moyen terme permettant de relier le locuteur à son interlocuteur et le langage à ce qu'il exprime.

Il est intéressant de faire mention du petit texte que Wittgenstein lut lors d'une conférence en juillet 1929, à savoir *Quelques remarques sur la forme logique*, texte négligé, peut-être à cause de sa taille – une dizaine de pages –, mais essentiel pour mesurer la fluidité de la pensée de l'auteur.

Au début du texte, Wittgenstein défend la syntaxe logique aux dépens de la syntaxe ordinaire qui « autorise « la formation de pseudo-propositions » et qui n'est pas « appropriée » à l'exclusion « des structures absurdes ». Ces structures absurdes, selon le *Tractatus*, sont des connexions illogiques entre des noms qu'on ne peut « naturellement » lier. La syntaxe du langage ordinaire n'englobe pas de règles interdisant des énoncés absurdes du type « Le rouge est plus haut que le vert » ou « Le réel, bien qu'il soit un *en soi* doit également devenir un *pour moi* … ». Dans la philosophie du *Tractatus*, la seule méthode permettant d'éviter de telles pseudo-propositions se trouve dans l'atomisme logique et dans un symbolisme permettant de « voir clairement la structure logique ». Il s'agit donc ici de « substituer un symbolisme clair à un symbolisme imprécis » et d'employer, comme on l'a vu, « les termes d'une façon qui ne soit pas ambiguë » (*QRFL*, 16).

On pourrait croire que Wittgenstein en vienne à rappeler que, dans le *Tractatus*, les méprises du langage pouvaient être évitées, pourvu que chaque nom fût supposé avoir une signification claire et que les noms fussent connectés de façon à faire sens (*QRFL*, 14). Mais il ne s'arrête pas à cette conclusion et commence à relever les insuffisances de cette syntaxe logique ; en traçant les jalons de ce qu'il a développé dans les *Remarques Philosophiques*, à savoir que les propositions élémentaires ne sont pas si indépendantes que le dit la philosophie de l'atomisme logique et qu'elles peuvent s'exclure et entrer « en collision » comme lorsqu'on dit « Brown est en ce moment assis sur cette chaise » et « Jones est en ce moment assis sur cette chaise » (*QRFL*, 32). Dans ce cas, comme il le montre dans les *Remarques Philosophiques*, la première ligne de la table de vérité de la conjonction qui admet la possibilité que les deux propositions soient vraies en même temps disparaît. Ainsi, les formes logiques que nous connaissons n'ont rien à voir « avec les normes du langage ordinaire » et elles ne nous donnent pas « une image correcte de la réalité » (*QRFL*, 32). Il devient alors nécessaire d'analyser les phénomènes et par conséquent, on commence à entrevoir l'idée de deux types de règles, celles d'une logique formelle et celles d'une autre logique plus complète en un sens, parce qu'effective et dont le fonctionnement est forcément complexe. Wittgenstein élabore petit à petit sa conception à ce sujet. La *Grammaire philosophique* est un moment cruciale dans le développement de sa philosophie, moment où il commence à esquisser les grandes directions de sa nouvelle conception du langage. Ce texte trace bien la nouvelle direction prise par sa philosophie après le *Tractatus*, car il y est démontré que l'exactitude de notre langage est liée à la grammaire dite philosophique, laquelle se meut dans « les transactions réelles » et peut se comparer à un « livre des comptes du langage » (*GP*, 44). Pour expliquer la manière dont notre langage fonctionne, Wittgenstein recourt à des analogies, dont la principale fonction est de préciser la manière dont un système peut fonctionner.

Dans un premier temps, il prend les mathématiques pour modèle et établit une analogie entre notre langage et le calcul. Cette analogie a pour objectif d'expliquer que notre langage fonctionne en bloc et forme ainsi un tout indissociable qu'on peut qualifier d'autonome. Ainsi, comprendre une proposition ne peut se faire isolément du langage auquel elle appartient. « Comprendre une proposition signifie comprendre un langage. Une proposition est un signe dans un système de signes » (*GP*, 84). Cette analogie permet de saisir que, comme les mathématiques, le langage est un système. C'est ainsi qu'en mathématiques « il ne suffit pas de dire « p est démontrable », il faut dire « démontrable suivant un système déterminé » (*GP*, II, 384), c'est-à-dire que p n'est pas démontrable dans un autre système. Ce qui implique la pluralité et la relativité des vérités et forcément du sens. Il y a ainsi plusieurs langages comme il y a plusieurs systèmes mathématiques, lesquels fonctionnent grâce à l'application de règles. Toutefois, comme la principale caractéristique d'un calcul consiste à être purement syntaxique et formel, elle ne convient pas totalement à notre langage tel que nous l'utilisons ordinairement et dont le rôle consiste à délivrer une intention.

Étant donné que cette analogie est partielle et peut porter à confusion, Wittgenstein en utilise une seconde, celle du jeu. Mais si le langage peut être considéré comme un jeu, ce n'est pas dans le sens ordinaire avec un gagnant et un perdant qu'il l'est. En revanche, dire que le langage fonctionne comme les jeux, tel que le jeu d'échecs ou le jeu de balle, renforce l'idée que le langage ne peut être que pluriel et varié et qu'il consiste également à appliquer des règles. Ce qu'il entendra par règles commence à se dessiner si l'on met l'accent sur le fait que les règles d'un jeu n'épuisent pas toutes leurs applications. Lorsque nous jouons aux échecs par exemple, nous sommes en situation de perpétuelles inventions. Cette caractéristique de la règle et de son application dans le jeu est cruciale et elle y est certainement plus évidente que dans le calcul. L'analogie du calcul demande donc un complément ; toutefois elle reste d'actualité et il semble que ce soit surtout à cette proximité du langage et du calcul, quant à leur fonctionnement, que Wittgenstein tienne le plus. En effet, entre 1929 et 1944 il écrit beaucoup sur les mathématiques et y consacre une bonne partie des cours qu'il dispense à Cambridge devant un auditoire de choix, tels que A.M. Turing, G.H. Von Wright, N. Macolm, R. Rhees, J.N. Fundlay …, ceux-ci ne pouvant qu'enrichir et approfondir les discussions et la réflexion. Quant aux manuscrits des *Remarques sur les fondements des mathématiques*, ils datent de 1937-1938, et l'on peut y lire des remarques très éclairantes sur les règles et leurs applications, le calcul, l'inférence, le jeu, la preuve et même sur ce qu'est un jeu de langage ainsi que la manière dont il fonctionne.

Ce double rapprochement du langage avec le jeu et surtout avec le calcul permet à Wittgenstein de forger le concept clé de jeux de langage. Qu'est-ce que les jeux de langage partagent avec le calcul et le jeu ? Qu'apportent-ils de plus et de différent ?

Ces analogies doivent être exploitées à leur juste mesure et ce qu'il faut en retenir, c'est l'idée que ce sont les règles qui définissent et qui constituent aussi bien le calcul que le jeu. Calculer tout comme jouer consiste à appliquer des règles. Les jeux de langage qui constituent le langage se définissent également par des règles dont l'application se fait dans la vie et à l'intérieur de ce que Wittgenstein appelle des *formes de vie*. Il forge de nouveaux concepts et faisant une entorse à sa nouvelle méthode, qui refuse toute possibilité de définir un concept, il donne quelques rares définitions du concept de jeu de langage. C'est ainsi qu'au paragraphe 7 des *Recherches Philosophiques*, il le définit comme étant « l'ensemble formé par le langage et les activités avec lesquelles il est entrelacé ». Par son retour au « sol raboteux », Wittgenstein entend donc le retour à la vie et à l'activité, auxquelles le langage est nécessairement lié. Un sol raboteux n'est pas d'accès facile et le qualificatif utilisé suggère bien l'idée que le fonctionnement du langage n'est pas lisse ni sans embûches.

LE CONCEPT DE JEUX DE LANGAGE ET DE RÈGLE

Un jeu de langage est un ensemble de signes en relation avec une activité à laquelle l'individu se livre, et ce n'est que dans le cadre de cette activité que les signes ont une signification, qui est en réalité l'usage qui se doit d'être adéquat à une situation. L'usage qu'on peut faire des signes ne leur permet donc pas d'avoir une signification, il *est* cette signification même. De la même manière que le calcul est pluriel et que les jeux sont pluriels, les usages du langage ne peuvent être également que multiples en rapport avec les différentes activités. Le même signe peut donc avoir des usages différents tout comme le même outil peut avoir des emplois différents. « Dans de nombreux cas, comprendre un mot implique que l'on puisse le prononcer dans certaines circonstances avec une intonation particulière » (*GP*, 30).

Aucun signe, que ce soit un nom ou une proposition ou n'importe quel autre signe de n'importe quel autre langage que la langue, ne peut avoir une signification en dehors de l'usage que nous en faisons. Si ce sont les usages que nous en faisons qui lui confèrent une signification et si, de surcroit, ces significations varient, la question se pose à propos des liens pouvant exister entre les différents usages et donc les significations d'un même signe.

Le concept d'air de famille

Qu'est-ce qui relie les différents usages d'un même signe ? Il ne s'agit nullement d'une caractéristique commune : Wittgenstein parle d'un air de famille. De l'usage du mot « coule » dans « le temps coule » et dans « l'eau coule » par exemple ne se dégage aucune propriété commune à proprement parler, mais plutôt « une ressemblance de famille ».

Qu'entend Wittgenstein exactement par cette expression ? Un air de famille est d'abord quelque chose qu'on ne peut déterminer exactement, de la même manière qu'on peut voir que les membres d'une même famille se ressemblent, qu'ils ont entre eux cet air de famille, sans que l'on soit capable de déterminer exactement ce qu'ils auraient en commun. « Quelqu'un qui a l'œil pour les airs de famille est capable de reconnaître que deux personnes ont un lien de parenté, même s'il ne peut dire en quoi consiste la ressemblance » (*RPP*, II, 551). Wittgenstein a parfaitement illustré ceci par les compositions de photographies qu'il a pu faire en modifiant de petits détails qui lui ont permis de transformer la photo de l'une de ses sœurs en la photo de l'autre ou en sa propre photo. Ces photos expliquent ce qu'il entend exactement par air de famille, il ne s'agit pas de désigner un trait du visage mais de montrer que certains traits probablement communs permettent juste d'entrevoir une vague ressemblance, appelée « air de famille ». On ne peut les distinguer avec précision, car noyés dans des visages différents, ils ne sont plus reconnaissables en tant que tels mais juste suggérés.

Le concept d'air de famille est primordial, car c'est par son intermédiaire qu'un concept peut se construire : il y a des passages d'un usage à l'autre qui se font et les ressemblances entre les différentes facettes de l'usage que nous faisons d'un nom créent un concept (*GP*, 36). Il faut toutefois relever que ces différentes facettes ne sont pas exhaustives dans la mesure où d'autres peuvent s'y rajouter progressivement ou au contraire disparaître en fonction de nos activités.

Par conséquent, il devient clair qu'il est inutile de chercher une définition lexicale aux noms. Les signes n'ont pas de définitions, mais juste un usage réel, qui permet une réaction attendue si on les applique correctement. Ainsi, s'il n'est pas possible d'attribuer une signification aux mots et d'en donner une définition, ce n'est pas parce que nous ne la connaissons pas mais pour la pure et simple raison qu'il n'y en a pas. Il n'y a rien derrière les mots. Mais si le signe ne renvoie plus d'aucune manière que ce soit à un objet, et si rien n'est jamais définitif dans l'usage que nous faisons de notre langage, comment la compréhension peut-elle se faire ? Wittgenstein n'avait-il pas insisté sur le fait qu'on ne peut être capable de comprendre un énoncé que si on sait de quoi on parle ?

C'est justement le concept de jeu de langage et la batterie de concepts qui lui est attenante qui répond à toutes ces interrogations et qui efface les nombreux paradoxes qui semblent entourer cette philosophie détruisant l'idée reçue que notre langage a besoin d'une sorte d'unicité pour fonctionner.

Le concept de jeu de langage

Pour expliquer ou plus exactement exposer ce qu'est un jeu de langage, s'inspirant toujours des mathématiques, Wittgenstein, imagine des exemples. Dès le premier paragraphe du *Cahier Brun*, il donne l'exemple connu, repris au début des *Recherches Philosophiques*, du jeu de langage du maçon et de son ouvrier. Les deux sont impliqués dans la même activité et partagent donc nécessairement le même langage. Le jeu de langage consiste dans l'alliance entre l'activité de construire et le vocabulaire constitué de signes, tels que *dalle*, *poutre*, *brique* ... sans lesquels la construction ne peut se réaliser. Ce langage est certes, très réduit et l'activité qui lui est rattachée est également assez simple, mais ceci ne l'empêche pas d'être complet et autonome. Il permet une compréhension mutuelle et la réalisation d'une activité. Assurément, si Wittgenstein utilise des exemples plutôt simples, cela ne signifie nullement que notre langage le soit, ni que tout jeu de langage soit simple. Les jeux qu'il expose permettent de comprendre que le langage est forcément relié à une forme de vie et qu'à une activité simple ou primitive correspond également un langage simple et primitif, c'est-à-dire réduit à un nombre assez limité de signes. Autrement dit, le fonctionnement du jeu de langage du plus grand physicien n'est pas différent de celui du maçon et son ouvrier ou de l'enfant qu'on envoie acheter cinq pommes. Il y a donc des degrés de complexité du langage, ce qui signifie qu'il y a des jeux simples et primitifs, mais également des jeux plus ou moins complexes. C'est comme si on commençait l'apprentissage du langage effectif par des formes simples pour aller vers des formes complexes du langage.

Il semble bien que ce soit dans un souci pédagogique que Wittgenstein prend des exemples de jeux primitifs. Pour comprendre le rapport du langage à la réalité, nous avons intérêt « à nous référer à ces tournures primitives du langage où les formes de la pensée ne sont pas encore engagées en des processus complexes, aux implications obscures », et ceci dans la mesure où « nous nous rendons compte que les formes complexes se composent peu à peu par degrés successifs à partir des formes primitives » (*CB*, 48).

Quel est le processus d'apprentissage du langage, sachant qu'il ne s'agit plus de mettre un nom sur des objets ? On a vu que les analogies du calcul et du jeu mettent en évidence le concept de règles, un concept qui est commun aux trois activités ; chacune ayant sa spécificité, sinon comme le dit Wittgenstein « si les mathématiques sont un jeu, alors faire des mathématiques c'est jouer à un jeu, mais alors pourquoi danser ne fait-il pas partie des mathématiques ? » (*RFM*, V, 4).

En quoi consiste une règle de langage? Comment l'apprend-on? Comment distinguer un usage des règles correct d'un autre incorrect? L'analogie avec le jeu nous permet d'envisager deux possibilités. Lorsqu'on veut apprendre un jeu quelconque, ou bien on apprend les règles et on s'exerce à les appliquer, ou bien les règles ne sont pas énoncées d'une manière explicite et on apprend à les appliquer en regardant d'autres jouer. Autrement dit, dans ce dernier cas, on déduit en quelque sorte la règle de son application. Si on veut apprendre à jouer au jeu d'échecs, on peut disposer des règles de déplacement des pions; mais il est possible aussi d'observer plusieurs parties et d'en comprendre les règles. Autrement dit, on comprend le fonctionnement du jeu et l'on est capable de jouer, tout comme on peut comprendre la manière de poursuivre une série de nombres, sans que la règle ait été donnée. Il s'agit d'une sorte de savoir-faire qu'on acquiert.

Toute règle est conventionnelle et donc arbitraire par définition; elle est contraignante en ce sens que lorsqu'on décide de jouer à un jeu quelconque, on est tenu de respecter les règles qui le définissent. Toutefois, si les règles sont arbitraires, leur application ne l'est pas. L'application des règles dépend de la situation du jeu. C'est ainsi qu'un joueur d'échecs doit anticiper les répliques de son adversaire pour jouer et donc pour appliquer une règle, de la même manière qu'un joueur de tennis connaît la règle qui lui indique le mouvement qu'il doit faire, mais elle ne lui dit pas à quelle hauteur lancer la balle par exemple (*RP*, 68). Il doit évaluer la situation pour savoir comment appliquer la règle, c'est-à-dire qu'il doit prendre en compte la vitesse du vent, la rapidité de son adversaire, sa taille.... On peut donc dire qu'il y a des règles constitutives du jeu et des règles qui indiquent comment les appliquer en différentes situations. Ces règles ne sont pas énoncées et ne sont même pas énonçables car elles apparaissent sur le moment, comme, lorsque pour résoudre un problème qui se pose, il faut réfléchir et aviser dans des situations réelles. Celles-ci se ressemblent mais ne sont jamais complètement identiques. Cette distinction entre deux types de règles peut porter à confusion et on pourrait imaginer que les règles constitutives aient besoin d'une autre catégorie de règles, dites pragmatiques, pour pouvoir être appliquées.

Il serait plus correct de dire que la règle contient en elle-même la possibilité d'une infinité d'applications et donc jamais toutes, son application étant très flexible. D'où l'importance de l'expérience qui permet de se familiariser avec les différents usages des signes. L'application correcte des règles de la manière qui convient à la situation demande des astuces : « J'inclinerais à dire que le jeu n'est pas seulement des règles mais aussi une astuce » (*RFM*, I, 20). Le rapprochement avec le calcul et le jeu met bien en valeur cette caractéristique du langage qui permet au locuteur d'aviser sur le coup dans les situations variées qui se présentent dans la pratique quotidienne du langage.

Ce ne sont donc pas les règles mais la manière de les appliquer qui compte. En réalité, l'application des règles implique une interprétation, une évaluation de la situation (*RFM*, I, 114) qui permet de trouver une « astuce ». Pour dire les choses autrement, « les règles constitutives », qui définissent le jeu et qui sont arbitraires, n'ont pas le rôle le plus important, lorsque nous jouons. En revanche, les applications des règles dans le jeu effectif ou actif, qu'on peut appeler « règles pragmatiques » (règles dans l'action), sont plus importantes, même si elles ne peuvent pas être circonscrites, puisqu'elles dépendent de la situation dans le jeu et doivent s'y adapter.

Les jeux de langage fonctionnent exactement de la même manière. Wittgenstein rejette les deux possibilités généralement admises pour l'apprentissage d'un langage et qui consistent à apprendre la signification des noms, soit en montrant des objets qui correspondraient aux noms, soit en donnant une définition verbale des noms en question. Il relève que la seconde méthode aurait besoin de prolonger la définition des termes utilisés ; quant à la définition ostensive, elle n'est pas aussi claire qu'on peut le croire, l'acte même de montrer pouvant être équivoque. C'est ainsi que montrer, par exemple, un chandail bleu à quelqu'un en prononçant le mot « bleu » ne dit pas à cet interlocuteur, si le mot correspond à la couleur bleue ou au chandail.

Comprendre n'est donc ni définir, ni montrer, mais c'est réagir conformément à ce qu'on saisit dans une situation donnée. Ce n'est que si une proposition produit un effet, une réaction qu'elle a un sens. Le fait de faire remarquer à quelqu'un qu'il fait chaud pourrait le conduire à réagir soit en ouvrant la fenêtre s'il fait réellement chaud, soit en la fermant, si celui qui parle ironise, de même que comprendre un ordre revient à l'exécuter. Ainsi, comprendre un signe du langage revient à reconnaître l'usage qui en a été fait. Pour Wittgenstein, lorsqu'on rencontre un problème philosophique c'est qu'on « ne s'y retrouve pas » (*sich nicht auskennen*), c'est-à-dire qu'on ne retrouve pas ce à quoi on s'attend dans une situation donnée.

Calculer, jouer et parler sont des activités qui se définissent par leurs règles respectives, des règles dont l'application révèle l'un des nombreux paradoxes de la pensée de Wittgenstein, à savoir que, alors que le respect des règles se fait d'une manière « aveugle », elles sont nécessairement appliquées différemment selon les différents contextes ou situations qui sont inépuisables et imprévisibles au point que, comme on l'a vu, une certaine habileté est nécessaire pour les appliquer comme il se doit. C'est justement à cette capacité que se mesure la maîtrise du langage. La manière d'appliquer les règles ne peut donc être aveugle, bien que nous soyons contraints d'obéir aux règles de l'activité et de la forme de vie auxquelles nous participons, mais nous devons le faire d'une manière appropriée à une situation donnée qu'on acquiert par l'expérience. C'est encore grâce à une analogie que ce paradoxe est clarifié, celle du panneau indicateur, lequel ne fait que nous donner une direction à prendre. Il nous revient de décider comment poursuivre, et, là, plusieurs possibilités peuvent se présenter à nous. Aucune réponse a priori n'est possible ; nous pratiquons le langage dans des situations réelles auxquelles nous avons été conditionnés à réagir. Il est alors possible de parler d'une certaine coutume, une certaine constance dans notre façon de réagir à un panneau dans des situations certes, différentes, mais ressemblantes. « … On ne se dirige d'après un panneau indicateur que pour autant qu'il en existe un usage constant, une coutume » (*RP*, 198).

Donc, obéir à un panneau de signalisation, tout comme à une règle, n'est pas aveugle dans le sens où notre application du signal ne détermine pas complètement notre comportement, et une ou plusieurs interprétations ne sont pas exclues. En réalité, nous n'avons, certes, pas le choix des règles qui s'imposent avec les situations dans lesquelles nous nous trouvons – par choix ou non – mais leur application n'est pas réglée à l'avance. Ainsi, ce sont les règles qui nous permettent d'utiliser les signes de notre langage correctement, c'est-à-dire d'une manière adéquate et qui convient à tout le monde. La question reste à savoir comment les utiliser de manière concordante.

LA DIMENSION PUBLIQUE ET SOCIALE DU LANGAGE

Le langage comme habitude

L'usage du langage ainsi que son apprentissage se font au sein d'une activité et donc d'une communauté. L'apprentissage du langage ne peut être théorique, il se fait en quelque sorte sur le tas, en le pratiquant réellement. C'est dans cette optique que Wittgenstein insiste sur l'idée que si on sait utiliser un langage correctement c'est parce qu'en fin de compte il nous est familier, cette familiarité faisant que nous l'appliquons d'une manière quasi mécanique. L'usage du langage d'une manière appropriée à la situation se fait spontanément (*RP*, 595). Cet usage naturel et ce sentiment du connu et de l'habituel sont une sorte de *schème de pensée*, qu'il qualifie comme étant quelque chose de primitif, à l'image de certains schèmes de notre langue maternelle dont nous faisons un usage inconscient lorsque nous utilisons une autre langue. Wittgenstein utilise à cet égard certaines expressions qui dénotent justement la spontanéité de la compréhension : « comprendre d'un coup » (*in einem Schlag*) ou « compréhension soudaine » « en un clin d'œil » (in *einem Augenblick*) (*RP*, 591, 596, 597). Ce qui intéresse le philosophe ce n'est pas l'origine ou l'explication de notre langage mais la façon correcte de l'employer. Nous rentrons de plain-pied dans le langage qui est le nôtre : « Si on me demande : comment sais-tu employer le mot « peut-être », peut-être répondrai-je seulement « je l'ai employé cent fois » » (*GP*, 28). Les règles du langage ne forment pas un système qui fonctionnerait tout seul en interne « et seul l'homme d'expérience peut les appliquer à bon escient » (*RP*, II, 318). Un jeu de langage ne peut s'installer en tant que tel qu'après et grâce à une certaine régularité et une certaine constance, donc une certaine répétitivité qui nous permet d'être à l'aise et de le maîtriser spontanément, c'est-à-dire d'avoir le langage adapté qui permet aux interlocuteurs de communiquer.

Ainsi donc, selon la conception du sens comme usage, on ne peut plus définir la proposition et son sens en termes de vérifiabilité, mais plutôt de « convenance ». Le sensé devient ce qui convient à la situation, au contexte dans lequel nous prononçons la phrase; on parlera alors d'usage (application) adéquat ou non à la situation. Ainsi, les conditions de justification remplacent les conditions de vérification dans la conception du sens. Une proposition n'a pas de sens, si elle n'est pas adaptée à une situation et si elle reste sans effet, sans réaction.

On ne peut être compris que si on s'exprime comme tout le monde, comme les autres membres de la communauté, de la même manière que calculer revient juste à « calculer ainsi » (*RFM*, VII, 31). Lorsqu'on ne comprend pas un langage, cela signifie qu'il nous est étranger et nous paraît bizarre parce que la pratique réelle, efficace et donc correcte de tout langage, exige un arrière-plan commun exigeant certains acquis, de sorte que les mêmes règles soient appliquées de manière correcte et conformes aux *coutumes* et aux *habitudes* que nous acquérons en vivant avec les autres. L'arrière-plan englobe aussi bien les règles du langage et de ses usages que ce que Wittgenstein appellera le « patrimoine culturel » et qui nous permet de saisir réellement le sens. Tout ce qui est extralinguistique est finalement plus important que le langage en lui-même, ce que Wittgenstein exprime en disant que « sans additif, une proposition ne peut être comprise » (*GP*, 9), ni utilisée à bon escient. C'est ainsi que dans une remarque datant de 1950 (*DC*, 108), il écrit qu'on ne peut pas dire et donc penser d'une manière sensée que quelqu'un est allé sur la lune car tout le système de notre physique et tout notre système de références nous interdisent de le croire. Lorsque notre système de connaissances et de références change, il est évident que le sens et la valeur de vérité de nos énoncés le font aussi. Notre pensée n'est donc pas isolée et les limites du sens deviennent les limites de la pensée, et non plus celles du monde, comme dans le *Tractatus*. Toujours est-il que la pensée de Wittgenstein reste là aussi en continuité d'elle-même, dans la mesure où le sens et donc la pensée sont nécessairement liés au réel et au monde. C'est plutôt la conception du réel qui connaît une extension et ne se limite plus aux objets de la physique, et ce, grâce aux jeux de langage. il est évident qu'il n'est pas question de parler de mondes différents mais de différentes façons de l'appréhender, de l'interpréter et d'en parler : « chaque phrase que j'écris vise toujours déjà le tout, donc toujours à nouveau la même chose, et toutes ne sont pour ainsi dire que des aspects d'un objet considéré sous des angles différents » (*RM*, 16, 1930).

La flexibilité du langage

La question de la correction ou de la convenance des usages est ainsi reliée aux jeux de langage, c'est-à-dire aux règles que nous appliquons d'une manière qui ne peut être que commune, en rapport avec les formes de vie qui leurs sont rattachées. Ces règles sont plus ou moins floues, en ce sens qu'elles sont à chaque fois interprétées, mais en aucun cas d'une manière arbitraire ou personnelle. “Nous jouons avec des concepts élastiques et même flexibles. Ce qui ne signifie pourtant pas qu'ils puissent être déformés à la demande et sans offrir de résistance, ce qui les rendrait inutilisables” (*IE*, 40). Si le langage est public et social, ce qui apparaît clairement dans la définition du jeu de langage et ceci même dès l'apprentissage, comment l'intention peut-elle en être l'élément le plus important ?

Alors qu'on la tient pour personnelle et subjective, l'intention est sociale selon Wittgenstein car, tout d'abord, elle a nécessairement une forme langagière. Or, notre langage exclut par définition tout caractère privé. Ensuite, on ne peut avoir l'intention de faire quelque chose qui n'existe pas, c'est ainsi, qu'on ne pourrait avoir l'intention de jouer au jeu d'échecs, si celui-ci n'existait pas et si on n'avait pas appris à y jouer. En d'autres termes, n'importe qui ne peut pas avoir n'importe quelle intention dans n'importe quelle situation. Ainsi, bien que le langage soit d'abord intentionnel, on comprend qu'il ne puisse être pourtant privé.

Par conséquent, il ne peut être que dynamique. « Si les jeux de langage changent, changent les concepts et, avec les concepts, les significations des mots » (*DC*, 65). Wittgenstein inaugure ainsi une conception qu'on peut qualifier de pragmatiste du langage : communiquer un sens, c'est exprimer une intention dans le cadre d'une forme de vie, d'une activité sociale et du jeu de langage qui lui correspond. Cette conception du langage et de son usage est réaliste par opposition à celle du *Tractatus* dans lequel le langage est idéalisé, le tableau logique prédéterminant tous les états de choses, c'est-à-dire toutes les possibilités d'usage du langage sans exception. Si le langage est si vivant et si la signification n'est pas lexicale, tout nouveau langage peut-il être considéré comme un vrai jeu de langage ?

C'est le fait que les jeux de langage se définissent par des règles qui explique qu'ils ne peuvent être « joués » en solitaire. En effet, même un enfant qui joue seul s'imagine un partenaire, un compagnon de jeu. On peut donc dire que ce sont les règles qui ne peuvent être appliquées en solitaire et que c'est parce qu'une activité est régulière que les règles qui l'accompagnent le sont.

Le terme « dressage » utilisé par Wittgenstein à plusieurs reprises n'est pas anodin et met bien en avant l'importance de l'apprentissage dont l'effet est de susciter un automatisme dans l'application des règles de jeux. De ce fait, « il serait dépourvu de sens de dire : une fois dans l'histoire du monde quelqu'un a suivi une règle ou un précurseur a joué un jeu, prononcé une proposition, en a compris une ; et ainsi de suite » (*RFM*, VI, 21). Suivre une règle ou obéir à une règle est une action institutionnelle, une action sociale effectuée plusieurs fois par plusieurs individus. Il est intéressant de relever à ce propos que *Gebraüche*, le pluriel du terme allemand *Gebrauch (usage)*, ne s'utilise pas dans le sens d'usages, d'emplois, mais signifie coutumes sociales. Ainsi, par *usages*, il faudrait bien entendre « coutumes » ;

ce qui permet effectivement de mieux saisir la pensée de Wittgenstein.

Appliquer des règles suppose donc une communauté pour laquelle l'essentiel n'est pas un système de signes mais certaines façons de s'exprimer dont les gestes, les tons, la physionomie et les mimes que l'on apprend aussi. « Il est essentiel à la communication que nous soyons d'accord sur un grand nombre de jugements » (*RFM*, VI, 39) et c'est ce qui fait dire à Wittgenstein que les mots ont une signification de surface et une signification profonde. Un langage ne peut s'utiliser réellement qu'en profondeur. Autrement dit, le langage ne fonctionne pas grâce à un sens qui serait littéral des mots. Ceux-ci n'ont pas une signification de « surface » qui passerait partout, mais des significations « profondes » qu'un prérequis permet d'utiliser et de comprendre.

Par conséquent, on ne peut même pas dire dans l'absolu d'une personne qu'elle parle correctement sans spécifier le cadre et le contexte dans lesquels elle s'exprime car il n'y a pas une seule façon correcte d'employer le langage. Les signes du langage ont plusieurs emplois et en connaître la signification dans un contexte donné revient à « l'employer de la même façon que les autres » (*CFM*, 186). Nous connaissons un langage lorsque nous nous y sentons à l'aise. Si on est surpris, c'est qu'on n'a pas compris. « Le familier peut simplement résider dans le fait que ce que je vois me laisse calme » (*GP*, 115) et que je me sente en harmonie avec les autres dans des situations données. Wittgenstein met en valeur la dimension sociale de l'Homme en tant que « *Homme avec l'autre* » (*Der Mensch als Mitmensch*). Cette conception de l'Homme revient à l'institution fondamentale qu'est le langage. Comme on l'a vu, celui-ci fonctionne grâce au « patrimoine » partagé par les communautés et les différents groupes d'activités. L'éducation constitue une sorte d'autorité qui se retrouve au niveau de la pensée, celle-ci étant indissociable du langage, mais d'une manière particulière car il ne s'agit pas de deux entités séparées.

Langage et pensée

Dans le *Tractatus*, le langage et le sens étaient régis par des règles logiques, faisant que ce que nous pouvons dire paraissait objectif dans le sens le plus strict du terme, la structure logique étant, en quelque sorte, maître à bord. En revanche, la philosophie post-*Tractatus*, et d'une manière achevée celle des *Recherches Philosophiques* et de *De la Certitude*, développent une conception plus large que l'on pourrait qualifier de plus « humaine » parce qu'elle implique notre vie et nos activités sociales au sein d'une culture faisant qu'on parle comme on doit le faire.

Notre pensée a dès le départ la formulation qu'elle doit avoir et on ne peut imaginer que la pensée puisse avoir une autre forme que la sienne. Cela ne veut pas dire que nous ne puissions choisir la langue dans laquelle nous pensons, mais cela ne se fait pas après coup, comme lorsque nous désirons traduire nos pensées (*RPP*, II, 565). Il n'y a pas de pensée sans mots. La pensée n'est pas quelque chose de mystérieux qui serait par la suite habillée en vue de sa transmission. Il est vrai que certaines expressions de notre langage quotidien peuvent nous inciter à penser le contraire comme lorsqu'il nous arrive, comme le fait remarquer Wittgenstein à la fin de la seconde partie de *Recherches Philosophiques*, de ne pas réussir à nous faire comprendre ou de chercher nos mots ou de dire « ce n'est pas ce que je voulais dire ». En réalité, cela ne signifie pas que nous avions une pensée hors langage mais plutôt que ce que nous avons dit a été mal interprété ou que nous cherchons une meilleure formulation qui permettrait à notre interlocuteur de comprendre ou de ne pas mal interpréter nos propos. Lorsque nous cherchons une autre formulation, celle-ci concerne l'interlocuteur et non le locuteur ; nous essayons d'adapter nos propos en tenant compte de données qui lui manqueraient pour lui permettre de saisir le sens de nos propos. Aucune scission ne peut intervenir entre une pensée et son expression ou entre la pensée et le langage. Pour Wittgenstein, aucun discours n'est suspendu dans le vide, hors de tout contexte. Ce qui explique que, si une forme de vie est étrangère à notre interlocuteur ou que certains éléments lui manquent, nous devons, si nous voulons être compris, nous exprimer différemment en lui permettant en quelque sorte de disposer de ce qui lui manque pour accéder au sens voulu.

Ainsi tout d'abord, le langage est constitué de jeux de langage afférant à nos différentes activités sociales. Il est indissociable de la pensée et ne fonctionne que grâce à un acquis partagé. Ensuite, il est une activité et à ce titre, on peut se demander si elle est une faculté qui agit à partir de son siège.

Selon notre façon de nous exprimer, comme lorsque nous disons « je sais ce qui se passe dans sa tête », « cela flotte dans mon esprit », « la pensée se situe dans le cerveau »..., nous pourrions tout à fait être tentés d'envisager que la pensée soit une activité qui aurait son propre siège (*C.B*, 34). Mais pour Wittgenstein, le fait que la pensée soit une activité ne nous autorise pas à affirmer que son siège serait le cerveau de la même manière que l'estomac est le siège de la digestion. On ne peut parler d'un appareil de la pensée comme on parle d'un appareil de la digestion (*RPP*, I, 661), dont l'existence est indépendante de l'activité. De plus, localiser la pensée serait trompeur et ne réussirait qu'à en faire une substance mystérieuse, trouble, et gazéiforme. D'ailleurs, lorsque nous pensons, la pensée ne nous paraît pas étrange, c'est lorsque rétrospectivement nous nous posons la question de savoir comment la pensée est possible (*RP*, 428) qu'elle devient inscrutable, parce que nous voulons la localiser et la chosifier. Faire de la pensée une substance fait partie des faux problèmes chers à la philosophie. En effet, « Pourquoi l'impalpable doit-il être plus mystérieux que le palpable ? Si ce n'est parce que nous voulons le palper.... » (*F*, 126). Les différents champs de notre réel ne peuvent être exprimés de la même manière. C'est ainsi que si la grammaire du mot « croire » semble compliquée, c'est juste parce qu'on « la met sur le même plan, pour ainsi dire, que celle du verbe "manger" » (*F*, 751). C'est précisément ce type de confusions qui ont amené le philosophe à s'intéresser à la psychologie et plus précisément à son langage. À quoi cela servirait-il de dire à mon interlocuteur ce qui se serait passé en moi pour l'informer que j'ai compris la route qu'il m'indique, par exemple (*F*, 193). Dire et comprendre sont des questions de langage et de jeux, quel que soit le champ dans lequel nous nous situons, sauf que les grammaires de leur usage diffèrent.

Wittgenstein ne s'oppose pas à l'existence d'un processus mental, mais vouloir en faire une question philosophique pose problème car la philosophie s'intéresse au langage de la psychologie et non à ses objets. Elle se distingue par là-même à la fois de la science et de la psychologie.

Le mental n'est pas séparé de ce qui serait sa manifestation. Autrement dit, l'intérieur ne devient pas extérieur (*IE*, 62), ils sont liés logiquement. Nous avons vu que la pensée et son expression sont dans ce type de rapport, l'un ne fonctionne pas sans l'autre. La pensée est une activité par les signes et le fait de savoir si et comment quelque chose se passerait dans nos têtes ne nous serait d'aucune aide pour comprendre un langage. Pour déterminer le sens de nos propos, leur efficacité et leur efficience, aucune recherche biologique ne peut nous être d'aucun secours. C'est ainsi que « quand je dis : “Monsieur Suisse n'est pas un Suisse”, j'entends le premier “Suisse” comme un nom propre, le second comme un nom commun. Doit-il se passer autre chose dans mon esprit pour le premier “Suisse” et pour le second ? » (*RP*, II, 251). La signification des deux termes n'a rien à voir avec le cerveau et ce qui nous permet de différencier les deux significations se trouve ailleurs, à savoir dans l'apprentissage des différents usages que nous avons pu avoir des signes de notre langage.

Par ailleurs, la pensée est une activité par les signes, on ne peut la réduire ni au mental, ni au physiologique, elle n'existe que lorsqu'elle se produit. Elle ne dure pas plus longtemps que son expression. Wittgenstein, qui est certainement au fait des récentes découvertes neurologiques de l'époque, fait un rapprochement avec les cas d'amnésie ou de démence dans la mesure où, si un processus cérébral est atteint, c'est l'activité de la mémoire qui est atteinte. Les lésions n'ont pas anéanti les souvenirs, mais l'activité même de se souvenir.

Les processus mentaux ou cérébraux ne sont pas des accompagnements de la pensée et des états intérieurs. C'est ce qu'on s'imagine à tort. En effet, dit Wittgenstein « un évènement laisse une trace dans la mémoire : c'est ce que l'on s'imagine bien souvent, comme si l'évènement consistait dans le fait de laisser après lui une trace dans le système nerveux, une impression, une séquelle » (*RPP*, I, 220).

Ce même type de rapport entre le dedans et le dehors se retrouve au niveau des émotions et des sentiments. C'est ainsi que si nous nous remémorons un événement triste, par exemple, pouvons-nous considérer que ce souvenir précède une certaine expression du visage ? « Essaie donc de te remémorer quelque chose de fort triste en arborant l'expression d'une joie rayonnante » (*RPP*, I, 801 et *F*, 508). La relation entre le sentiment et son expression est donc en quelque sorte fusionnelle ; ce qui signifie que l'extériorisation ne suit pas une activité mentale : l'expression de tristesse ne suit pas la pensée triste, de même qu'un comportement, tel que l'exécution d'un ordre, par exemple, ne succède pas à sa compréhension. Il ne s'agit pas de la succession de deux phénomènes, le mental précédant le comportemental.

Le processus cérébral qui existe n'est pas corrélatif à la pensée (*F*, 608). Le problème n'est donc pas celui d'associer ou pas un processus cérébral, mais plutôt de dissocier la pensée du cerveau dans le but d'établir un rapport de causalité entre eux. Wittgenstein ne rejette pas les résultats des recherches neurologiques mais le fait qu'ils puissent être considérés comme étant d'une utilité quelconque pour son propos. Il est "impossible de lire les processus de pensée à travers les processus du cerveau" (*F*, 608).

Il serait absurde de comparer la mémoire ou n'importe quelle activité mentale, en l'occurrence, la pensée, au rouleau d'un dictaphone, d'autant plus que même si la pensée ou le souvenir laissaient une trace dans notre système nerveux, ce ne serait ni la pensée, ni le souvenir.

En fait, de la même manière qui ferait que nier le processus psychique du souvenir reviendrait à nier le souvenir (*RP*, 306), nier le processus mental de la pensée reviendrait à la nier. « La pensée est un processus symbolique. Le lieu où elle se situe n'a pas la moindre importance, dès lors que le processus symbolique se produit » (*CC I*, Cours B II, 1). En d'autres termes, ce qui se passe dans notre esprit, y compris la pensée, ne se distingue pas de son extériorisation quelle qu'elle soit. En effet, dit Wittgenstein, « le comportement humain le plus finement articulé est peut-être le langage, intonation et mimique incluses » (*IE*, 66) et étant donné que le philosophe ne sépare pas la pensée du langage, on comprend que la pensée soit une activité sans lieu. Ainsi, le mental n'est pas la cause du comportemental, y compris le langage. Il n'y a pas de relation de causalité entre les deux. « La différence entre « intérieur » (*Innen*) et « extérieur » (*Aussen*) ne nous intéresse pas » (*GP*, 60).

LA CONCEPTION DE L'HOMME

On voit ainsi que la manière dont Wittgenstein considère l'individu est assez spécifique, en ce sens que, comme nous l'avons dit plus haut, il est toujours « avec l'autre » et ce par l'intermédiaire du langage, lequel ne peut être privé. Cette caractéristique non-privée du langage n'est pas propre à la philosophie des jeux de langage, mais s'applique tout aussi bien à la philosophie du *Tractatus*, puisque c'est la forme, commune au monde et au langage, qui est l'élément déterminant du dicible. Toutefois, la conception du langage du *Tractatus* a exclu l'éthique du sens, dans la mesure où elle faisait partie du mystique. En revanche, après ce traité, la dimension mystique de l'homme se trouve rayée de la philosophie wittgensteinienne. Il est manifeste que, malgré la force qu'il attribue à la communauté et aux règles sociales ou langagières, dans la mesure où ce sont les individus qui décident de les utiliser et donc qui s'imposent une contrainte, Wittgenstein rejette tout ce qui peut transcender l'Homme, l'exclure de son libre arbitre. Même si la règle est contraignante, « c'est moi qui me contraint à l'utiliser ainsi….ce qui est important c'est que je puisse ici et pour ainsi dire une fois pour toutes décider de l'interprétation (en général) et m'y tenir, et ne pas recommencer à *interpréter* à zéro à chaque opération » (*RFM*, VII, 48). En décidant ou en acceptant de jouer à un jeu, on accepte d'appliquer les règles de la même manière que les autres le font.

L'idée fondamentale de la philosophie de Wittgenstein réside dans une conception uniforme du langage qui s'applique à tous les domaines de notre vie, allant des mathématiques à l'éthique. C'est ainsi que, alors que l'éthique avait eu un statut particulier dans le *Tractatus* et au début des années trente, au paragraphe 77 des *Recherches Philosophiques*, Wittgenstein résout le problème de la définition des concepts éthiques ou esthétiques en ces termes : « Dans cette difficulté, demandez-vous : comment avons-nous *appris* la signification de ce mot (« bien » par exemple) ? Par quels exemples ? Dans quels jeux de langage ? Vous verrez alors que le mot doit avoir toute une famille de significations ». Les hommes s'accordent dans le langage qu'ils emploient et décident de ce qui est vrai ou faux et de ce qui est bon ou mal.

Cette conception uniformisatrice du langage permet d'éliminer le concept d'indicible de sa philosophie. L'individu est social à travers le langage, de sorte que nous héritons d'un arrière-plan qui devient une sorte de « milieu vital » et même d'autorité (*DC*, 102, 161) dans le sens où il serait ridicule de croire à ce qui ne s'intègre pas dans notre système de références. On voit bien que Wittgenstein a manifestement une conception de l'Homme comme être de langage avec tout ce que cela implique. Il est en dernière analyse l'institution qui gère toutes les autres.

Si on a pu scinder la philosophie de Wittgenstein en deux parties, il ne peut s'agir que de deux parties séparées par la période durant laquelle le philosophe s'est isolé et éloigné du milieu académique, mais en aucun cas de pause philosophique, cette pause lui ayant, au contraire, donné un nouvel élan pour reprendre sa réflexion là où l'avait laissée le *Tractatus*. En effet, alors qu'il fut invité à donner une conférence, lorsqu'il rejoignit Cambridge en 1929, Wittgenstein choisit de parler de ce dont on ne pouvait parler selon la fin du *Tractatus*, l'éthique. Toujours est-il qu'il justifia son choix par le fait que l'éthique lui fournissait l'occasion de parler de ce qui l'intéressait au premier chef au lieu de faire « un mauvais usage de cette occasion » en donnant une conférence de logique. En réalité, il ne s'agissait nullement pour lui de dénigrer la logique, mais il pensait que les questions d'ordre scientifique et logique demandaient beaucoup plus de temps pour être abordées et que tenter de les vulgariser ne servirait strictement à rien.

La pensée de Wittgenstein n'a effectivement pas connu de coupures ou de périodes creuses, elle est le résultat d'une progression qu'on ne peut qualifier de linéaire, mais qui n'est pas pour autant discontinue, car la méthode en philosophie consiste à se reprendre sans cesse. C'est comme si on revenait en arrière pour mieux avancer de façon très prudente et défaire les nœuds de notre langage, comme nous l'avons vu faire pour résorber tout ce qui a pu paraître paradoxal dans sa pensée.

Ainsi, il put tout d'abord concilier logique et mystique comme les deux faces de la même pièce, l'indicible étant l'envers du dicible. Il sut montrer l'importance de ce dont on ne peut parler en rapport avec ce qu'on peut exprimer clairement. Et il définit, dans le *Tractatus*, le sens par la forme et la structure, tout en défendant quand même un certain réalisme et même un certain empirisme.

Ainsi, il tient que les règles de la grammaire ne supplantent pas celles de la logique, qu'elles sont plus complètes et les englobe, qu'elles sont, comme toutes les règles, arbitraires, et que pourtant leur application très complexe n'a rien d'arbitraire ; que ces règles sont contraignantes, bien qu'on les interprète à chaque fois sans qu'il y ait contradiction. Quant à l'intention qui sous-tend notre langage, il pose qu'elle n'est en aucun cas subjective, en vertu de l'indissociabilité conceptuelle de l'individu et de la société.

Ayant remis en question la suprématie de la logique, Wittgenstein innova à contre-courant de la tradition philosophique et du sens commun le plus répandu. En effet, après le *Tractatus*, il abandonna la suprématie de la logique trop lisse pour le langage rugueux de notre quotidien. À première vue, on pourrait penser que le sol lisse de la logique était plus confortable et praticable que le sol inégal et caillouteux de notre quotidien. Au paragraphe 107 des *Recherches Philosophiques*, il corrige cette idée en faisant remarquer qu'il est impossible de marcher sur un terrain glissant « où les conditions sont donc en un certain sens idéales, mais où, pour cette raison même, nous ne pouvons plus marcher ». Pour marcher nous avons effectivement besoin de frottement.

Cet intérêt pour notre langage usuel implique aussi de corriger l'idée selon laquelle la signification des signes de notre langage doit être fixe et déterminée. Selon les philosophes analytiques tels que Frege, Russell et le Wittgenstein du *Tractatus*, les noms doivent être considérés comme renvoyant à un objet, qui serait le leur, afin d'éviter tout contre-sens, tout malentendu. Pour la clarté du langage, la relation entre le signe et ce qu'il dénote devait être unique. Wittgenstein démontra que, au contraire, c'est cette unicité qui est trompeuse et qui cause des malentendus car un signe ne signifie pas hors d'un contexte. Il ne signifie que par son usage qui ne peut être que multiple et différent selon les contextes d'énonciation. « Vous pouvez vous demander si ma façon de donner constamment des exemples est de quelque avantage. Ma raison de procéder ainsi est que les cas parallèles changent notre façon de voir, parce qu'ils détruisent l'unicité des cas que l'on examine » (*C.C II*, 68) et c'est cette « destruction » qui permet la communication et évite les malentendus.

On peut donc dire que Wittgenstein s'est toujours intéressé à notre langage. Il préféra toutefois dans le *Tractatus* fonder le langage sur du cristal, celui de la logique car, dit-il, « les conventions nécessaires à la compréhension de la logique usuelle sont extraordinairement compliquées » (4 002). Or, sa réflexion le conduisit peu à peu à faire de cette complexité le fondement du langage dans la mesure où la logique ne satisfait pas complètement notre langage effectif.

Les deux parties de la philosophie de Wittgenstein ne s'excluent pas. D'ailleurs, on ne peut parler de sa philosophie post-*Tractatus* que par rapport au *Tractatus* ; ce qui permet de préciser en quoi les deux parties de sa philosophie se distinguent certes, mais surtout en quoi elles se complètent. C'est en forgeant petit à petit le concept de jeu de langage que Wittgenstein explique, comme ce fut le cas dans le *Tractatus*, en quoi consiste le discours sensé, comment il fonctionne et de quelle manière il est relié au réel. Il est évident que la méthode à suivre diffère de celle du *Tractatus*, il est évident aussi que la conception du langage, du réel et même celle de la philosophie s'en trouvent élargies, mais l'intérêt de Wittgenstein reste le même. Il est très aisé de voir dès les *Remarques philosophiques* que sa philosophie du *Tractatus* ne sera pas vraiment réfutée. Selon lui, l'atomisme logique et l'accord de la forme du langage et du réel sont « trompeurs » car « à la base de tout cela, il y avait une image fausse et idéalisée de l'emploi du langage » (*GP*, 113 et 218). Il s'agissait pour lui de *désidéaliser* le langage.

La continuité de l'œuvre de Wittgenstein revient probablement à sa conception de la philosophie que l'on retrouve d'une manière permanente. Dans le *Tractatus*, la philosophie est définie comme étant une activité d'élucidation du langage et de la pensée. Elle n'est pas une science dans la mesure où elle ne porte pas sur les objets et ne constitue pas un système de propositions (4 112) ; elle ne peut donc en adopter la méthode. Son rôle consiste à « purifier » (*reinigen*) notre langage, celui que nous trouvons (*vorhanden ist*).

L'analyse du langage avait pour but de le débarrasser des fautes logiques. Après le *Tractatus*, ce rôle est renforcé et la philosophie devient clairement une thérapie en ce sens qu'elle « traite une question comme on traite une maladie » (*RP*, 255). Il s'agit de dissoudre les confusions, de se débarrasser des « mythes de la signification » et d'éviter tout « ensorcellement » de notre langage. Le terme « *thérapie* » confirme que les investigations de Wittgenstein vont au plus profond du langage, toute thérapie impliquant activement la personne. Elle est un long processus de travail sur soi, dont le but est de découvrir la nature du problème, celui-ci consiste dans le fait de ne pas comprendre, de ne pas se faire comprendre ou encore de se laisser emporter par le langage et ses abus. C'est en défaisant les nœuds de notre langage que l'on peut se débarrasser de ces problèmes. Cette méthode atteint son paroxysme dans les *Recherches Philosophiques*, la réflexion du lecteur s'y trouvant activement impliquée et engagée.

Dans le *Tractatus*, les problèmes de philosophie et les problèmes du langage en général procèdent d'erreurs logiques. À partir de la *Grammaire Philosophique*, le sens commence à dépendre des règles grammaticales, dont l'application se fait d'une manière beaucoup moins rigide et fixe que celle des règles logiques, sans être pour autant libre de toute contrainte. La cause du non-sens revient donc toujours au fait que les règles, qu'elles soient logiques ou grammaticales, ne sont pas respectées. Il suffit de jouer les différents jeux de langage selon leurs propres règles pour que les problèmes fondent « comme un morceau de sucre dans l'eau » (*The Big Typescript*, 89, 421).

Devant une telle persistance à vouloir soigner les maladies du langage et donc de la pensée, il serait vraiment à la limite de l'absurde de voir en Wittgenstein le fossoyeur de la philosophie, alors qu'il a effectué un travail permanent sur lui-même et sur la manière d'employer le langage ; et cela, pour atteindre son but, qui est de communiquer réellement au lieu d'établir des semblants de théories sur l'intérêt desquelles on peut s'interroger, la quantité de ses manuscrits et de ses remises en question incessantes de lui-même ne pouvant que le confirmer. Malgré son irrévérence, y compris à lui-même, toute la philosophie de Wittgenstein est sous-tendue par l'idée que tout non-sens est une infraction aux règles. Encore un paradoxe…

LES ŒUVRES DE WITTGENSTEIN

L'œuvre de Wittgenstein, dont nous disposons aujourd'hui, est le résultat d'un travail minutieux effectué dans un premier temps par les exécuteurs testamentaires, qu'il désigna lui-même, à savoir G.H. Von Wright, R. Rhees et G.E.M. Anscombe. Réunir les manuscrits du philosophe en vue de leur publication ne fut pas tâche facile car, comme on le sait, il n'avait pas l'intention de publier ce qu'il écrivait, du moins pas en l'état. Écrivain tourmenté et soucieux du moindre détail, Wittgenstein laissa à sa mort des manuscrits raturés, annotés, sur-annotés, jamais parvenus à leur version définitive.

Comment présenter une œuvre quand l'auteur ressent le fait d'aligner ses pensées comme une torture ? La seule façon de travailler qui lui soit naturelle consiste à tourner "autour du thème par bonds successifs" (*RM*, 37). De plus, les fréquents retours en arrière qu'il effectue au fil de ses écrits ne tiennent pas seulement à sa personnalité, mais participent de l'essence de la philosophie, puisque faire de la philosophie consiste à mettre de l'ordre dans les concepts et dans le langage, tout comme on le ferait pour ranger "une demeure". Or, « …pour ce faire, il nous faut toucher à chaque chose une douzaine de fois » (*CC1*, 1930 leçon BI, 6). Cette analogie est très éloquente car elle signifie que, dans la philosophie de Wittgenstein tout est déjà là dès le début de la même manière que tous les objets sont présents dans une pièce à ranger, à ordonner et à réordonner jusqu'à ce que soit trouvé l'ordre le plus approprié, sans qu'il puisse pour autant être considéré comme définitif. « Chaque phrase que j'écris vise toujours déjà le tout, donc toujours à nouveau la même chose, et toutes ne sont pour ainsi dire que des aspects d'un objet considéré sous des angles différents » (*RM*, 1930, 16). Effectivement, les différents thèmes traités par le philosophe sont annoncés très tôt et sont développés et approfondis au fur et à mesure de l'évolution de sa pensée. À ces difficultés s'ajoutent le grand nombre de textes qu'il écrivait en parallèle. Ce qui rend impossible une présentation classique et plus ou moins linéaire de sa philosophie.

La première difficulté de présenter l'œuvre de Wittgenstein consiste donc à éviter les répétitions tout en étant contraint de faire des rappels afin de marquer une progression ou un changement de contexte. La seconde difficulté vient du fait que, mis à part quelques textes, Wittgenstein écrivait comme il pensait. N'avait-il pas écrit en 1948 ceci : « ce que j'écris est presque toujours un dialogue avec moi-même. Des choses que je me dis entre quatre yeux » (*RM*, 1948, 92). Comment présenter une œuvre posthume qui n'en est formellement pas exactement une, les exécuteurs testamentaires ayant fabriqué, à partir de notes, de textes souvent préparatoires ou de cours, des ouvrages distincts ? D'où la nécessité de présenter brièvement l'origine de chaque œuvre.

À ces difficultés auxquelles se heurtèrent les éditeurs des écrits de Wittgenstein, s'ajoute une difficulté géographique (spatiale) car les manuscrits étaient et sont toujours dispersés entre Cambridge, Vienne, Innsbruck et

Bergen en Norvège. Au fil des décennies, de plus en plus de manuscrits ont été traités. Des équipes de chercheurs y travaillent encore en vue de mettre aujourd'hui à disposition des versions imprimées ou électroniques qui prennent en compte également en les signalant les ratures et les annotations effectuées par l'auteur. De telles éditions sont particulièrement instructives sur l'évolution de la pensée de Wittgenstein car elles rendent possible de situer dans leur contexte ce qu'on pourrait prendre à tort pour des répétitions et de mieux en comprendre la portée. L'édition viennoise des archives de Cambridge (*Wiener Ausgabe*) a prévu par exemple un index indiquant les différents emplacements dans l'œuvre de Wittgenstein des mêmes phrases ou paragraphes repris.

Il est de coutume de faire du *Tractatus* le point de départ de l'œuvre de Wittgenstein dans la mesure où les notes datant de la même période constituent une sorte de remarques préliminaires, remarques qui lui permirent probablement de clarifier sa pensée. Il est, à ce propos, très regrettable qu'en 1950 Wittgenstein ait demandé à ses proches de détruire le contenu d'une malle où il avait réuni des manuscrits, y compris ceux qu'on peut considérer comme étant des brouillons du *Tractatus*, appelés *Prototractatus*, dont quelques exemplaires ont, heureusement, pu échapper à la destruction.

Par ailleurs, des notes sur la logique, datées de 1913, étaient en possession de B. Russell et de M.H.T. Costello, et elles ont pu être publiées, ainsi que celles dictées à Moore en 1914. Se rapportant surtout à la logique, ces écrits sont importants et préparent sans doute le *Tractatus*, sachant que Wittgenstein se heurta à des problèmes de logique dont les réponses donnèrent le coup d'envoi à sa philosophie. Ces deux textes de 1913 et 1914 sont effectivement critiques vis-à-vis de la logique de Frege et Russell. Wittgenstein s'arrête particulièrement sur la question de la tautologie et y explique sa conception des propositions atomiques, moléculaires et générales, ainsi que son attachement au symbolisme, puisqu'à l'époque il envisagea un langage parfait ou « idéalisé », comme il le dira plus tard.

Quant aux *Carnets 1914-1916*, ils sont soigneusement tenus, avec un suivi digne d'un ouvrage, malgré leur forme. Cette espèce de journal tenu en même temps que la rédaction du *Tractatus* ne peut qu'être utile à sa compréhension, ce qui ne diminue en rien son importance. D'ailleurs, de très nombreux passages sont communs aux deux écrits.

Le Tractatus-logico-philosophicus

Si Wittgenstein ne chercha pas à publier ce qu'il écrivait, s'il refusa toujours de faire école et si le seul fait que quelqu'un se fût avisé de le citer le mettait littéralement hors de lui, en revanche, il peina jusqu'au désespoir à faire accepter le manuscrit du *Tractatus* par un éditeur. On peut alors se poser légitimement la question de savoir pourquoi il s'acharna à le publier d'autant que le but recherché ne pouvait être lié à une ambition universitaire, Wittgenstein n'ayant jamais apprécié l'ambiance académique.

La raison de cet acharnement à faire connaître son *Tractatus* réside peut-être dans le fait qu'il baignait dans les questions logiques et philosophiques de ce début de XXe siècle. Wittgenstein se situe lui-même, bien que d'une manière assez particulière, par rapport à ses prédécesseurs : Comment expliquer que dans l'avant-propos de l'ouvrage il ait pu écrire que le contenu du *Tractatus* « n'élève dans son détail absolument aucune prétention à la nouveauté… », alors que dans sa solitude norvégienne en 1913-1914, il écrivait avoir eu « certaines idées personnelles » et que ce qui lui arriva cette année-là lui fit « l'impression d'une naissance, celle de chemins nouveaux » (*RM*, 30).

Ces deux affirmations ne sont, en réalité, pas contradictoires et Wittgenstein rendit justice à ses contemporains et aînés à qui il devait « pour une grande part, la stimulation de [ses] pensées » (*TLP*, Avant-propos). En effet, les échanges qu'il eut avec Frege et surtout Russell concernèrent des problèmes de logique, dont la résolution devait servir un projet qui lui était propre et comme il le dit si bien, il ne fit que « s'emparer » des travaux de certains philosophes pour en faire quelque chose de nouveau. C'est d'ailleurs en ces termes qu'il qualifia son génie : « mon originalité (si c'est le mot juste) est, à ce que je crois, une originalité du terrain, non de la semence. (Peut-être n'ai-je aucune semence qui me soit propre). Jette une semence sur mon terrain, et elle croîtra autrement que sur n'importe quel autre terrain » (*RM*, 48). Le logicisme est ainsi la semence qui a donné la plante qu'est le *Tractatus*. Ces propos, tenus lors d'une discussion avec Waismann datant du 22 décembre 1929, résument très bien la nouveauté du projet, sans que soit renié pour autant ce qu'il doit à ses contemporains. En effet, Wittgenstein reproche à Frege, Peano et Russell le fait que « en construisant la logique symbolique…. [ils] n'ont eu en vue que son application aux seules mathématiques et n'ont jamais pensé à la représentation (*Darstellung*) d'états de choses réels » (*WCV*).

Cette dernière remarque explique peut-être l'insistance de Wittgenstein à vouloir publier le *Tractatus*. On peut dire qu'il baignait encore dans les idées de l'époque, poursuivant les discussions avec ses contemporains tout en menant un propos novateur. Ce traité reste sans doute dans le sillage de ce qu'on appela plus tard l'esprit analytique inspiré par Frege. Celui-ci avait par ailleurs établi les tables de vérité sans leur donner encore l'expression tabulaire dans sa définition de la négation et du conditionnel (*Idéographie*, 5 à 7) et un des points forts du *Tractatus* consiste dans leur mise en forme.

Sur certains points, Wittgenstein est tout à fait en accord avec Frege et Russell, auxquels il reconnaît le mérite d'avoir montré que « la forme apparente de la proposition n'est pas nécessairement sa forme logique » (*TLP*, 4 0031) et ce, en mettant en évidence les insuffisances de la forme aristotélicienne classique de la proposition. C'est dans cet ordre d'idée qu'ils insistent tous, Frege en particulier avec son *Idéographie*, sur la nécessité d'une langue formelle, symbolique, parce que « la langue déguise la pensée » (*TLP*, 4 002).

Le *Tractatus* a pour but de tracer les frontières du dicible et donc les limites de la pensée, en liant cette dernière nécessairement au réel par le biais de la logique et de ses lois. Ce qui explique le double vocabulaire du *Tractatus*, à la fois ontologique et logique sans qu'il y ait conflit comme il a été montré dans la seconde partie.

En plus des idées novatrices qu'il développe, le *Tractatus*, seul écrit achevé par le philosophe, se distingue par son style d'écriture, sous forme de sept aphorismes extrêmement condensés, dont le dernier constitue la conclusion et marque l'achèvement d'une période de la vie intellectuelle du philosophe. Chacun de ces aphorismes est numéroté et fait l'objet d'élucidations progressives également numérotées de façon décimale. Le texte ne comporte pas de notes à l'exclusion de celle qui est consacrée à l'explication de la méthode d'écriture adoptée, laquelle, bien que très claire, fit le désespoir des éditeurs, réticents à adopter ce type d'écriture en philosophie. Cette note explique que « les nombres décimaux attachés à chaque proposition indiquent leur poids logique, leur importance dans mon exposition. Les propositions numérotées n. 1, n. 2, n. 3, etc. sont des remarques de la proposition n., les propositions numérotées n.m1, n.m2, etc. sont des remarques à la proposition n.m et ainsi de suite ».

Les deux premiers aphorismes : « Le monde est tout ce qui arrive » (1) et « Ce qui arrive, le fait est l'existence d'états de choses » (2) constituent une sorte de fondement ontologique au *Tractatus*, et les concepts principaux en sont : le monde, l'état de choses, le fait, les objets. En choisissant de commencer son traité par définir ce qu'est le monde, Wittgenstein dévoile un certain empirisme en rapport avec son atomisme logique, lequel devra mettre au jour le parallèle entre le langage et le réel. Comme nous l'avons expliqué dans la seconde partie, ces concepts ontologiques sont extrêmement liés et la philosophie du *Tractatus* exige de supposer "la substance" qui permet, en tant que totalité des objets, d'attribuer un sens aux propositions.

Dans la lignée de Frege, le sens de la proposition est une pensée et les aphorismes 3 et 4 consistent surtout à définir la pensée en faisant apparaître ses liens avec le monde par le biais de la logique, ce qui constitue l'apport majeur de cette philosophie qui s'est attelée à la tâche complexe de montrer comment la logique constitue le moyen terme reliant le langage au réel. En effet, selon l'aphorisme 3, « Le tableau logique des faits constitue la pensée »; celle-ci étant selon l'aphorisme 4, « …la proposition ayant un sens ». Les concepts développés sont ceux de *proposition* et de *sens* qui sont étroitement liés puisque la proposition se définit par son sens et que son rôle est de représenter le fait par le biais du tableau logique.

L'importance de la logique, de la structure et de la syntaxe nécessite de clarifier le rôle de la logique ainsi que la forme de la proposition, laquelle se doit d'être unique selon l'aphorismes 5 qui résume la thèse de l'atomisme logique : « La proposition est une fonction de vérité des propositions élémentaires »; et l'aphorisme 6 qui donne la forme générale de la proposition : « $[\bar{p}, \bar{\xi}, N(\bar{\xi})]$ ». Ces deux thèses traitent de la structure du langage et de la forme que doit avoir toute proposition sensée.

Il serait utile de clarifier ce que cette forme générale de la proposition signifie.

Dans $[\bar{p}, \bar{\xi}, N(\bar{\xi})]$,

P symbolise l'ensemble de toutes les propositions élémentaires,

$\bar{\xi}$, la variable propositionnelle et

$N(\bar{\xi})$, la négation de toutes les valeurs de la variable

Ce qui signifie que toutes les propositions peuvent être constituées à partir de toutes les propositions atomiques et que toute autre tentative de construire des propositions débouche sur un non-sens. Cette thèse intransigeante mène à la conclusion que « Sur ce dont on ne peut parler, il faut garder le silence » (7).

Étant donné que dans la seconde partie, nous avons dû traiter longuement des idées que développe le

Tractatus, puisqu'il constitue le point de départ de toute la philosophie de Wittgenstein, nous nous attarderons plutôt sur des questions de logique qui ont fait l'objet de discussions et de critiques.

La conception wittgensteinienne du langage comme image du monde ne peut se faire que grâce à l'outil de la logique. Comme ses prédécesseurs, Wittgenstein prône un langage d'où serait évacuée toute confusion à l'instar des langues symboliques proposées par Frege et Russell, bien qu'elles ne soient pas exemptes de toute erreur, Wittgenstein ayant critiqué en particulier la manière dont ils conçoivent l'identité et la quantification – nous y reviendrons.

Questions de logique

Tout d'abord, Wittgenstein ne peut accepter la distinction frégéenne entre l'objet et le concept qu'il juge obsolète en ce sens que « le concept formel est immédiatement donné avec un objet qui tombe sous lui. On ne peut donc à la fois introduire comme concepts fondamentaux les objets d'un concept formel *et* le concept formel lui-même » (*TLP*, 4 12721) et ce, conformément à son refus de toute hiérarchie des types, le signe de l'identité se révélant par là même superflu. En effet, si « a : b » veut dire que le signe « a » peut être remplacé par le signe « b », cette relation s'établit entre deux signes comme le soutenait Frege dans sa *Begriffsschrift*, avant d'établir la distinction entre le sens et la dénotation des signes. Or, pour Wittgenstein, si deux signes sont mutuellement substituables, cela se montre et ne se dit pas. La question devient celle de « la forme logique des deux expressions » concernées (*TLP*, 6 23). C'est ainsi que « c'est une propriété de "1 + 1 + 1 + 1" que l'on puisse le concevoir comme "(1+1) + (1+1)" » (*TLP*, 6 231). Autrement dit, ajoute-t-il, « j'exprime l'égalité des objets par l'égalité des signes, et non au moyen d'un signe d'égalité. J'exprime la différence des objets par la différence des signes » (*TLP*, 5 53), sachant que chaque nom renvoie à un objet et chaque proposition à un fait possible. Le *Tractatus* ne peut que repousser l'idée que l'identité puisse être essentielle dans une idéographie car pour Wittgenstein « toute chose est ce qu'elle est et rien d'autre » (*C*, 156) et il devient même impossible que deux signes puissent désigner la même chose. Il ne s'accorde donc pas avec Frege dans sa manière de concevoir le signe et son rapport avec l'objet. Ce qui ne sera pas sans conséquences sur les mathématiques comme l'expliquera Russell justifiant son rejet de la manière wittgensteinienne de voir l'identité et de refuser toute hiérarchisation du langage.

La conception wittgensteinienne du langage dans son rapport avec le réel fait prendre au philosophe le contre-pied de Frege sur des questions cruciales, telles que la conception de la proposition ou même de la logique. C'est ainsi que pour lui « si un signe est possible, il est aussi capable de dénoter » (*TLP*, 5 473), alors que Frege envisage la possibilité qu'un signe ait un sens mais pas de dénotation. Par ailleurs, étant donné que pour Wittgenstein on ne peut rien penser d'illogique, « toute proposition possible est construite selon les règles », alors que pour Frege à l'inverse, si une proposition est bien construite, alors elle a un sens (*TLP*, 5 4733). En effet, la logique ne permet pas de penser illogiquement, puisque le tableau logique fournit toutes les possibilités et que « la langue empêche elle-même toute faute logique » (*TLP*, 5 4731). Par conséquent, il s'oppose à

Frege et Russell qui estiment que le langage quotidien est logiquement défaillant car la logique est la condition du sens et qu'aucun langage sensé ne peut être défaillant. Pour lui, ce n'est qu'en apparence que notre langage est défaillant *TLP*, (5 563) car toute proposition, sensée par définition, ne peut qu'être ordonnée logiquement. Étant l'image d'un fait, la proposition ne peut être un nom qui nommerait ledit fait, elle le représente et ne le nomme pas ; ce qui constitue une des principales objections qu'il adresse à Frege. Une proposition nc pcut être le nom de quelque chose, sinon elle ne pourrait pas être dotée de valeur de vérité.

Si Wittgenstein ne reprend pas la conception de la proposition de ses prédécesseurs, leur désaccord est encore plus important car leur conception même de la logique est différente. En effet, dans son article *Recherches logiques* (1971, 170), Frege explique que la logique a pour tâche de « connaître les lois de l'être vrai », alors que pour Wittgenstein, en revanche, « a logique n'est pas une théorie » (*TLP*, 6 13). Elle est transcendantale – comme il l'a été montré dans la seconde partie – et est, à ce titre, « une image qui reflète le monde ». Il ne peut donc y avoir d'objets logiques, ni de constantes logiques, le vrai et le faux, en particulier, ne sont pas des objets logiques (*TLP*, 4 441, 4 431 et 5 4) et les connecteurs sont donnés par la nature même de la proposition. Seuls les constituants de la substance sont des objets, dont les noms constituent les propositions.

L'échafaudage logique du monde que sont les tables de vérité montre justement la forme logique dont on ne peut parler, excluant ainsi tout métalangage et toute théorie des types à la manière de Russell et de Carnap, plus tard (*TLP*, 6 123 et 6 4). Le statut que Wittgenstein accorde à la logique et sa conception du tableau logique permettent de « décrire complètement le monde au moyen de propositions totalement généralisées », c'est-à-dire sans « coordonner par avance » les noms à des objets. C'est ce qui nourrit sa critique, incessante dans ses écrits sur les mathématiques, de la conception frégéenne et russellienne des quantificateurs universel et existentiel comme étant un moyen abrégé d'écrire le produit ou la somme logique (*TLP*, 5 521, 5 526). Il refuse également la traduction d'une expression quantifiée "en mots" entreprise par Russell en traduisant (∃x) fx par « fx est possible » (*TLP*, 5 525) car dire que fx est possible signifie qu'il peut être réel. Or, la distinction entre trois types d'énoncés (tautologiques, contradictoires et pourvus de sens) ne s'exprime pas en mots.

Le Tractatus face au Prototractatus

Malgré l'originalité de la structure du *Tractatus* qui s'ajoute à des idées novatrices, il fallut une décennie pour que Wittgenstein se satisfît de son traité, dont le brouillon ou plus précisément l'un des brouillons fut publié en 1971 par les soins de B. M. Guinness sous le titre de *Prototractatus*. Une comparaison entre les deux textes conduit à la conclusion qu'en écrivant et réécrivant son texte, Wittgenstein modifiait l'exposition des propositions, c'est-à-dire leur ordre, plutôt que leur contenu. Ces modifications corroborent l'idée que l'interconnexion étroite que nous avons déjà mentionnée entre les concepts de la philosophie de l'auteur, n'altère pas le texte et confirme le fait que plusieurs entrées sont possibles pour comprendre la philosophie du *Tractatus*. On retrouve à peu près les mêmes aphorismes dans le brouillon et dans le texte publié, dans un ordre un peu différent, à cause soit de la contraction de plusieurs propositions au sein du même aphorisme, soit, au contraire, de la multiplication des propositions explicatives, Wittgenstein travaillant beaucoup la formulation de ses idées.

La proposition 2 0121 du *Tractatus* montre par exemple qu'en reformulant ses idées ou surtout en réorganisant son texte, Wittgenstein cherche à être plus explicite dans la précision des concepts et par là même de sa pensée, la subdivision ayant pour but d'élucider les propositions considérées comme principales. La proposition principale est assez longue et consiste plutôt en un paragraphe, les alinéas gardant le même ordre même si certains sont abrégés, étant mis à part le premier alinéa qui constitue une proposition principale dans le *Prototractatus* (2 0123) et concerne la signification d'un mot comme ensemble de ses occurrences dans des propositions : « Si je connais l'objet, je connais aussi l'ensemble de ses possibilités d'occurrence dans des états de choses ». Tout ce long paragraphe (2 0121) est, selon la numérotation de l'auteur, l'explication de la proposition précédente qui affirme que : « rien n'est accidentel : quand quelque chose se présente dans un état de choses, c'est que la possibilité de l'état de choses doit déjà être préjugée dans la chose ». Si la version précédente du *Tractatus* a divisé ce paragraphe en cinq sous- propositions et si l'auteur les a regroupées par la suite, c'est probablement parce qu'il considère qu'elles expriment la même idée dont le rôle est d'expliquer et de commenter la proposition précédente.

Le paragraphe 0121 du *Tractatus* correspond dans le *Prototractatus* aux propositions 2 0123 à 2 01204, les deux versions soutenant la même chose, à savoir que rien n'est accidentel en logique, celle-ci étant par ailleurs le tableau des faits. La suite du texte explique justement que ce n'est pas par accident que les objets/choses conviennent à des situations, à des états de choses car l'essence des objets, qui constituent la substance, se trouvent dans les différentes relations qu'ils ont entre eux.

La fin du Tractatus

Cet attachement aux objets en tant que significations des noms, ceux-ci composant toutes les propositions comme condition incontournable du sens, et l'exigence logique d'une forme unique de la proposition conduisent Wittgenstein à conclure le *Tractatus* sur une note silencieuse. Bien que cette conclusion ait été perçue comme aporétique, Wittgenstein et la philosophie n'ayant plus rien à dire, elle constitue, peut-être, plus un sentiment d'accomplissement que d'échec car, pour notre auteur, la philosophie est une activité et non un discours. Ce sentiment s'est transformé en un nouvel élan philosophique porté par deux idées nouvelles, à savoir que la signification du nom n'est pas l'objet et que l'analyse n'est pas ce qui permet la compréhension, dont le processus s'avère beaucoup plus complexe. Cette dernière idée peut paraître surprenante, car elle fut le pilier de la philosophie analytique. Or, voilà que l'un de ses fondateurs les plus importants annonce que la conception qu'il défendait, selon laquelle « l'analyse logique devait amener au jour des choses cachées (comme l'analyse chimique et l'analyse physique) » est fausse (*G P* app., 217 et 317).

Durant une décennie, Wittgenstein remit en place ses idées tout en poursuivant le même but, celui d'expliquer comment assainir le langage. Étant donné le style particulier et les réécritures incessantes de ses textes, il nous a semblé plus judicieux de les présenter par périodes ou par thème. C'est ainsi que les textes écrits entre 1929 et 1936 sont essentiels pour la période de transition vers la philosophie des jeux de langage. Nous traiterons de ces écrits qui ont ouvert la route à la philosophie post-*Tractatus*, puis, nous nous intéresserons aux écrits sur les mathématiques, aux écrits sur la psychologie, les couleurs et enfin aux *Recherches Philosophiques*, ainsi qu'à *De la Certitude* et terminerons par ses *Remarques mêlées*.

Il ne faut pas perdre de vue le fait que Wittgenstein ne fait ni de la psychologie, ni des mathématiques, ni de l'épistémologie, mais traite de la manière de s'exprimer en mathématiques, en psychologie… Par conséquent, sous peine d'écoper d'une grande déception, il ne faut pas espérer trouver dans ses écrits une théorie du nombre ou des couleurs ou du psychique.

LES ÉCRITS DE LA PÉRIODE 1930-1936

Durant cette période, Wittgenstein écrit beaucoup dans la mesure où il déblaie le terrain pour bâtir une conception renouvelée du langage et du sens, dont le caractère inédit concerne aussi bien le contenu que la forme. La constante révision des manuscrits explique qu'il s'agissait moins d'une quelconque hésitation de sa part, que d'une gestation, d'une évolution, et surtout de la recherche d'une formulation satisfaisante. Tous ces manuscrits permirent aux différents éditeurs de publier *Le Big Type script* (dont sont d'ailleurs extraits les différents manuscrits publiés à part), *La Grammaire philosophique*, *Le cahier bleu*, *Le cahier brun*, ainsi que les *Cours de Cambridge* allant de 1930 à 1935. On peut également citer les *Dictées à Waismann et à Waismann pour Schlick* datant de 1931 et 1932 et dans lesquelles on retrouve à l'état plutôt embryonnaire des idées développées durant cette période et au-delà, en particulier sur le caractère vague et fluctuant de notre langage, sur la pensée, la grammaire, les règles....Une partie importante porte sur la logique et les mathématiques, ce qui n'est pas surprenant, Waismann étant mathématicien.

Les textes réunis sous le titre de *Remarques philosophiques* font, bien sûr, partie de cette période dite intermédiaire de la philosophie de Wittgenstein. On peut même dire que ces *Remarques Philosophiques* en sont le point de départ. Ce qui explique le fait que nous en avons longuement parlé dans la présentation de la philosophie de l'auteur, en retenant particulièrement l'idée qu'elle doit se préoccuper de notre langage quotidien dont l'usage est plus complexe et moins strictement régulé que le langage logique. Ce langage exprime d'abord une intention impliquant que les propositions ne sont pas indépendantes mais font plutôt partie d'un système de propositions comme le montreront les analogies avec le calcul et le jeu aboutissant progressivement au concept de jeu de langage. On peut dire que les jalons de la philosophie post-*Tractatus* sont posés dans ce premier écrit venant après l'aporie du *Tractatus*.

Les Cours de Cambridge de 1930 à 1932

Ces *Cours* d'après des notes prises par J. King et D. Lee doivent, en tant que sources indirectes, être prises en considération avec quelque prudence, d'autant que la plupart des notes ont été prises dans des conditions spéciales, Wittgenstein ayant soudain préféré dispenser ses cours dans sa propre chambre. C'est ce qui explique que le premier cours datant des trimestres d'automne et d'hiver 1930-1931 ne pose pas problème, les leçons y sont bien distinguées dans un déroulement continu. En revanche, les leçons suivantes, à partir du trimestre de printemps 1931, lorsque le philosophe déplace ses cours de *l'École des arts* dans sa chambre, les étudiants prenant alors leurs notes sur leurs genoux du mieux qu'ils peuvent, ne sont pas numérotées.

Pratiquement à chaque début de cours, Wittgenstein prend la peine de rappeler à l'auditoire sa conception de la philosophie en insistant sur l'idée que toute énigme dite philosophique est en réalité une énigme du langage. Ce qui ne minimise nullement le rôle de la philosophie, ni l'intensité des problèmes à résoudre, bien que certains puissent considérer avec regret que, en adoptant une méthode spécifique, elle ait perdu de son aura, à l'instar de la chimie par rapport à l'alchimie. Sur ce point, Wittgenstein s'est attiré beaucoup de critiques pour avoir fait descendre la philosophie de son prétendu « piédestal ».

La philosophie consiste à mettre de l'ordre au sein de nos concepts, lesquels décrivent le monde. Le rôle du langage reste donc encore confiné à la description du monde et la philosophie, par conséquent, à l'élucidation du langage de la science. Le langage est composé de propositions, une proposition étant ce qui peut être nié « de manière signifiante », en rapport avec la signification des mots, qui ne peut être ostensive.

Le début des cours de 1930 révèle que le philosophe ne s'est pas encore suffisamment détaché de certaines idées du *Tractatus*, même s'il n'en utilise plus le vocabulaire. C'est ainsi qu'il continue à faire de la proposition, constituée de mots, qui n'ont pas de signification en dehors d'elle, « une image de la réalité » (*CC1*, Leçon A II, 2). Comme dans le *Tractatus* les possibilités que nous avons de relier les noms entre eux ne sont pas arbitraires. Toute proposition sensée est possible au point que « « p » est possible n'est pas une proposition légitime » (*CC1*, Leçon A IV, 2) mais une tautologie redondante. Il rappelle que « la proposition doit avoir la même multiplicité que le fait qu'elle exprime » (*CC1*, Leçon A III, 4), c'est-à-dire que la pensée, qui exprime une possibilité, et la réalité doivent « posséder » la même forme logique. Les formes logiques ne sont pas des concepts. La différence entre les concepts ordinaires et les pseudo-concepts consiste dans l'idée que seuls les premiers peuvent être prédiqués et sont exprimés par des fonctions propositionnelles. C'est ainsi que nous écrivons (∃x) tel que x est un homme, par exemple, mais que l'on ne peut dire : (∃x) tel que x est un nombre. Un concept logique ne peut être exprimé que par « une variable accompagnée de règles de son application, des règles qui permettent d'obtenir ses valeurs » (*CC1*, Leçon A V, 2). Il ne s'agit pas d'objets, tels que ceux dont traite la science.

Cette distinction entre les vrais et les pseudo-concepts retentit sur la manière dont Wittgenstein conçoit la quantification et refuse la conception russellienne de la généralité et de la quantification. Les quantificateurs sont définis de cette manière :

$$(x)\ fx : (fx^1\ \&\ fx^2 \& \ldots .\ \& fx^n)$$

et

$$(\exists x)\ fx : (fx^1\ v\ fx^2 v \ldots . v\ fx^n).$$

Or, définir le quantificateur universel comme une série de conjonctions et le quantificateur existentiel comme une série de disjonctions ne permet pas de différencier la généralité des quantificateurs de celle des propositions. La définition de la quantification existentielle ne permet pas, par exemple, de distinguer « j'ai rencontré un homme » de « il y a un cercle dans le carré ». En effet, si on formule la seconde proposition en disant que (∃x).Φx, qui signifie qu'il existe une chose qui est un cercle dans ce carré, cela revient à faire de « est un cercle dans ce carré » un prédicat. Ce qui impliquerait que dire : ~ (∃x).~Φx ferait aussi sens (tous les cercles sont dans le carré).

La logique occupe une place de choix dans ce cours, Wittgenstein y critiquant la négation, l'implication et l'inférence telles qu'elles ont été définies par ses prédécesseurs. Il y revient sur la conception frégéenne et russellienne des connecteurs logiques. L'axiomatique présentée par Frege dans son *Idéographie* se contente de la négation et de l'implication, qu'il considère comme indéfinissables. Or, comme tout signe de langage, la négation est comme un pion de jeu d'échecs. La comprendre est « la même chose que comprendre un coup d'échecs ». Après le *Tractatus*, Wittgenstein montre l'impossibilité de donner des définitions ; la négation ne peut donc qu'être « caractérisée » par une règle. Celle-ci « ne dit rien sur la négation, mais elle dit quelque chose sur l'emploi de “ne…pas” (ou le signe ~) » (*CC1*, Leçon B XII, 1). Pour sa part, la conception russellienne de l'implication est paradoxale, dans la mesure où elle reste vraie si p est faux dans (p ⊃ p), alors que l'expression « si p alors q » exprime une hypothèse.

En revanche, comme Wittgenstein l'a longuement développé dans les *Remarques Philosophiques*, l'inférence ne peut être justifiée par une règle, laquelle devrait à son tour être justifiée. Étant donné qu'elle se fait par rapport à un système, elle n'est pas justifiée mais il suffit « que nous voyions la relation interne » entre les propositions (*CC1*, Leçon B XIV, 2), celles-ci n'étant plus indépendantes. C'est ainsi que la proposition « A est rouge » n'est pas une autre proposition que « A est vert, mais juste » une autre forme de la proposition (*Rem. P*, 86), car dire que A est vert signifie que A n'est pas rouge. L'indépendance des propositions dites atomiques est clairement abolie.

Les premières leçons semblent renforcer les idées du *Tractatus* concernant la conception de la logique, en opposition avec Frege et Russell en particulier, tout en posant les jalons de la philosophie qui a suivi le *Tractatus*, en particulier l'idée que les règles du langage ne sont pas appliquées d'une manière arbitraire, contrairement aux règles logiques qui ne sont pas interprétables et qui sont appliquées uniformément. Le langage est toujours relié à la pensée, celle-ci étant le sens de la proposition. La pensée n'est ainsi toujours pas indépendante de son expression, mais d'une manière plus complexe, le *Tractatus* ayant fait de la forme logique le point commun entre le langage et le réel exprimé. Dorénavant, la pensée devient une activité d'un type particulier, c'est-à-dire, comme il sera expliqué plus tard, « un processus symbolique » dont le lieu importe peu (*CC1*, Leçon B II, 1). La proposition qui exprime la pensée est « un mécanisme et non un monceau ou un conglomérat de parties » ; elle est comme le mécanisme d'une automobile (*CC1*, Leçon B III, 1), son fonctionnement est tributaire de plusieurs facteurs à la fois.

Si la proposition est toujours « l'expression d'une pensée », en quoi sa compréhension consiste-t-elle ? Elle consiste en « une traduction soit en d'autres symboles soit en une action » (*CC1*, Leçon B I, 5), comme lorsqu'on interprète un plan ou qu'on obéit à un ordre, la question de ce que peuvent être les critères d'une interprétation juste restant à déterminer.

Même si dans ses premiers cours de Cambridge, Wittgenstein demeure encore attaché quelque peu aux idées du *Tractatus* – mais, pourrait-on dire, sans le côté métaphysique –, il semble que le pont menant à la conception post-*Tractatus*, commence à se construire, en ce sens que, si la proposition reste l'image d'un fait, comme un portrait l'est d'une personne, cette image est « intentionnelle ». Cette première intervention de l'intention suggère déjà la notion de grammaire. En effet, « en employant un mot, je m'engage moi-même à suivre une règle de son usage. Un mot n'a de signification que dans un système grammatical, et ce qui le caractérise est la façon dont il est employé » (*CC1*, Leçon B V, 4). Un symbole n'est pas isolé, de même qu'il n'est pas relié uniquement à la proposition, mais à son système de symboles. « Ce qui fait un symbole est son appartenance à un système de symboles » (*CC1*, Leçon B VI, 2). Notre philosophe est très proche de la grammaire philosophique, qui suivra trois ans après le premier cours de Cambridge, il utilise même l'analogie avec les panneaux routiers en mettant l'accent sur deux idées phares : nous sommes, d'une part, liés aux règles de la grammaire et celles-ci accordent, d'autre part, une certaine liberté d'application.

S'il reprend la définition de la proposition comme étant « l'unité de ce qui peut être dit », une fois le langage choisi, « ma description est déterminée par la grammaire et le vocabulaire du langage choisi » (*CC1*, B IX, 4). Lorsqu'on utilise un vocabulaire, des symboles, on s'engage par là-même dans un système et c'est dans ce sens que le langage est « rigide ». C'est ainsi que « si je dis que ceci est vert, je dois dire que d'autres choses vertes elles aussi sont vertes. Je m'engage à un usage à venir » (*CC1*, B VI, 4). C'est la grammaire qui détermine si une combinaison de symboles a du sens ou pas. Même si le langage demeure encore descriptif, c'est à la grammaire que revient la détermination du sens. C'est à elle et non plus à la logique qu'il revient de dire qu'une proposition fait sens ou non. Le passage par rapport au *Tractatus* est bien effectué et les règles de la logique ne satisfont ni notre langage, ni notre réel, comme le montrent bien les exemples des *Remarques Philosophiques* développés dans la seconde partie. Toujours est-il que le philosophe parle d'espace grammatical comme il avait parlé d'espace logique (*TLP*, 2 0121) traitant de toutes les possibilités. Il montrera plus tard que la grammaire ne peut jamais épuiser toutes les possibilités.

Ainsi, notre langage est régi par des règles de grammaire et Wittgenstein insiste à plusieurs reprises sur le concept des règles et de leurs usages, la dernière leçon du trimestre d'hiver 1931 commençant par l'affirmation suivante : « les règles grammaticales sont arbitraires, mais leur application ne l'est pas » (*CC1*, Leçon B XV, 1), cette idée étant une des idées les plus abouties des *Recherches*.

C'est ce qui explique que l'éditeur des *Cours de Cambridge de 1930-1932* se montre prudent quant à la fiabilité des notes dont il fait la troisième partie de l'ouvrage. Quelques notes semblent effectivement poser problème, en particulier celle dans laquelle Wittgenstein réitère sa conception du sens de la proposition comme méthode de sa vérification, ce qui implique que les jugements éthiques et esthétiques n'ont pas de sens et ne sont donc même pas des propositions (*CC1*, Leçon

C *I*, 75). On peut s'interroger sur le contexte de ce qui semble être un rappel du *Tractatus* car, dans la suite des notes, Wittgenstein se concentre plutôt sur l'idée de la grammaire et de l'application de ses règles. Il développe même l'idée de l'existence et de la cohabitation de grammaires différentes, ainsi que l'idée que c'est à travers les règles que nous saisissons les significations (*CC1*, Leçon C X, 97) petit à petit. Appliquer les règles ne revient ni à les répéter ou à les réciter, ni à les appliquer automatiquement comme une machine, ni même à les consulter, « il s'agit de quelque chose de tout à fait différent de cette alternative » (*CC1*, Leçon C XVIII, 113), ce qui représente également une des idées les plus aboutie des *Recherches.* Le philosophe amorce même l'idée « que la pensée n'apparaît pas d'abord pour être ensuite traduite par nous en des mots ou en d'autres symboles. Il n'y a rien qui existe avant que la pensée ne soit mise en mots ou en figures » (*CC1*, Leçon C IX, 96), ce sur quoi Wittgenstein portera son intérêt plus tardivement, mais l'idée germe déjà dans ses premiers écrits du début des années trente. Ces idées esquissées au début des années trente qui annoncent ce qui sera développé dans les *Recherches* confirment la conviction que l'activité du philosophe consiste à ordonner, à défaire l'ordre, à réordonner des éléments qui sont tous présents dès le point de départ de la réflexion, un peu comme le mathématicien connaît le résultat auquel il doit aboutir sans savoir comment.

Wittgenstein semble s'opposer à Russell qui cherche un lien entre l'objet perçu et l'objet physique en distinguant les sense-data, qui sont perçus directement, des objets physiques, qui sont inférés ou construits logiquement. Pour Russell les objets physiques sont la cause de nos sensations, alors que pour Wittgenstein cette distinction est interne au langage : « Le monde n'est pas composé de sense-data et d'objets physiques. La relation qui existe entre eux est une relation intérieure au langage – une relation nécessaire » (*CC*, Leçon C V, 91). Il rejette dos à dos le rationalisme et l'empirisme, leur erreur consistant à vouloir établir une relation de causalité entre les deux termes (*CC*, Leçon C V, 90), mais aussi l'idéalisme et le réalisme, le solipsisme et le behaviorisme qui « se regardent en chiens de faïence ». Ils sont tous dans l'erreur car leur question est : qu'est-ce que véritablement que ceci ou cela ?, alors que le philosophe n'a pas pour fonction de déterminer ce que sont les objets mais la manière dont nous en parlons : il ne s'agit pas de demander « Qu'est-ce qu'une chaise ? » mais comment le mot « chaise » est employé (*CC2*, I, 45). Il rejette en conséquence toutes les théories de la vérité, chacune ne faisant qu'utiliser le langage à sa manière. On peut comprendre également son refus de la manière dont Russell distingue entre l'espace visuel et l'espace physique, la différence entre les deux n'étant pas physique mais grammaticale.

Les cours de Cambridge 1932-1935

Ces *Cours* furent rassemblés par Alice Ambrose, qui travailla beaucoup sur ses notes pour leur donner une forme en quatre parties : la première, intitulée *Philosophie*, est constituée des notes prises lors des cours de 1932-1934, la seconde partie transcrit, sous le titre de *Cahier jaune*, des discussions et des cours informels lors de la dictée du *Cahier Bleu*, la troisième rapporte les notes prises au cours des trimestres d'automne 1934, d'hiver et de printemps 1935. Alice Ambrose préféra placer le résultat des notes prises en 1932-1933 à la fin de l'ouvrage en *quatrième partie* car elles portent exclusivement sur les mathématiques et sur des critiques de Russell, entre autres, au sujet de sa théorie des types.

Wittgenstein a toujours refusé le projet fondateur des mathématiques car, étant autonomes, les langages se valent et il est par conséquent inconcevable de vouloir fonder les mathématiques sur la logique en en faisant par là-même un « même édifice » (*CC2*, I, 11, 25). La logique est logée à la même enseigne que les autres langages. Son déroulement est une question de règles et d'applications de règles. La notation de Russell est fortement critiquée car, comme Wittgenstein l'a soutenu dans le *Tractatus*, seuls les énoncés qui ont un sens sont des propositions et peuvent donc être dotés de valeur de vérité. Ainsi dire : « il y a une chose » ou « il n'y a pas une chose » s'applique à des énoncés du type « il y a des hommes sur cette île » car la question « lesquels ? » peut être posée d'une manière sensée, alors qu'elle ne peut être posée au sujet d'un énoncé du type « il y a un cercle dans le carré ». On peut effectivement répondre par des noms à la première question mais pas à la seconde : « Pour des cercles, nous ne disposons d'aucun nom “a”, “b”, etc. » (*CC2*, I, 6). Il s'attaque également à la distinction entre les propositions atomiques et les propositions moléculaires (*CC2*, I, 10) d'une façon différente de ses critiques précédentes, en ne faisant pas appel au fait que chaque proposition fait partie d'un système dont elle dépend, ce qui est acquis. En effet, la proposition atomique se définit également par le fait qu'elle est simple et ne contient pas de connecteur. Or, si une proposition telle que *p*, ne comporte, certes, pas de connecteur, elle est équivalente à (*p.p*) et à (~ ~*p*). Les définitions doivent ainsi être remplacées par des règles.

La leçon de la fin du *Tractatus* a montré l'insuffisance de la logique pour analyser notre langage et en comprendre le sens dans la mesure où chaque langage a sa propre grammaire qui en permet des usages différents. Ainsi, nous appliquons sans même le remarquer les mêmes mots avec des significations différentes et donc des règles de grammaire différentes. C'est pour cela qu'en philosophie on ne pose pas des questions sur les noms et leur signification mais sur la manière dont ils sont employés. Wittgenstein s'attarde sur un de ses exemples favoris, celui de la douleur : « j'ai mal aux dents » et « il a mal aux dents » répondent à des grammaires différentes, alors que « j'ai un morceau de craie » et "il a un morceau de craie" ont la même grammaire (*CC2*, I, 16, 32). Cet exemple privilégié annonce le souci plus tardif de Wittgenstein de montrer la difficulté du langage des sensations. Cette question est signalée à plusieurs reprises, mais ne sera vraiment traitée que dans les *Recherches philosophiques* et les écrits sur la philosophie de la psychologie. Il donne également des exemples touchant à l'esthétique, peut-être pour renforcer l'idée que l'éthique et l'esthétique n'ont plus le statut particulier qu'elles avaient dans le *Tractatus* et que tout langage, quel que soit son objet, consiste en jeux de langage ; ce qui met déjà en relief l'idée que tous les langages fonctionnent de la même manière, excluant ainsi toute idée du mystique ou du non-dit. Il suffit de ne pas considérer qu'un objet correspond aux substantifs que nous utilisons, d'où le rôle plus complet de la grammaire philosophique par rapport à celle ordinaire (scolaire).

Le cours du trimestre d'Automne 1934 est très dense et témoigne d'une grande pédagogie. L'intention et son fonctionnement, en tant que pilier de notre langage, sont présentés d'une manière explicite. Effectivement, ce que nous disons est certes facile, en revanche, « savoir pourquoi nous le disons sera très difficile », à cause de ce qu'il appellera plus tard « la profondeur des mots ». Ce qui justifie la méthode qui consiste à donner des exemples de propositions différentes dans lesquelles le même signe est employé afin d'avoir une idée générale du sens, une sorte de vue générale. C'est ainsi, par exemple, qu'une personne à qui on aura montré plusieurs plantes, dans le but de lui expliquer ce qu'est une plante, est capable par la suite d'aller en chercher une autre différente de toutes celles qu'on lui aura montrées. Cette idée générale de ce qu'est une plante n'est pas « stockée » dans l'esprit, elle n'a pas la forme d'une image et n'est pas non plus le résultat d'un processus cérébral. « L'une des façons de sortir de la difficulté qu'il y a à expliquer ce que c'est que comprendre, c'est de poser que « comprendre un mot » signifie *grosso modo* être capable de l'employer ou d'y réagir. L'intérêt de cette forme d'explication est de remplacer « compréhension d'un mot » par « aptitude à employer un mot … ». Cette aptitude n'accompagne pas la compréhension, elle est la compréhension même. Autrement dit, comprendre ne signifie pas être capable de donner la définition d'un mot, mais en saisir une idée générale qui permette d'en faire des usages différents. Il n'est pas nécessaire de connaître ce qu'est un hortensia pour savoir que c'est une plante, une fois qu'on en aura vu plusieurs autres. Les significations se groupent selon les ressemblances de famille, idée forcément contemporaine à celle d'usage, les deux allant de pair et progressant également de pair, puisqu'il serait autrement difficile de parler d'idées générales ou de concepts. Les règles grammaticales permettent différents usages, comme c'est le cas dans le jeu d'échecs, par exemple, dans lequel les règles constituent la « liberté des pièces » qui peuvent se mouvoir de différentes façons selon le déroulement du jeu qui peut être apprécié différemment et dans lequel on peut adopter des stratégies différentes. Cette idée est très importante et annonce celle que l'application des règles n'est pas arbitraire. D'ailleurs, Wittgenstein s'interroge sur le sort de la rigidité de la logique et explique pour la première fois que lorsqu'il utilisa l'expression de *langage idéal* ce n'était pas du tout dans le sens de « meilleur ». Le langage de la logique est idéal parce que « il possède des règles qui sont purement stipulables (*statable rules*) » (*CC2*, III, 123), ce qui n'est pas le cas de la grammaire philosophique dont les règles persistent ou changent selon les activités auxquelles le langage est relié.

Le fait que les règles du langage ne soient pas « stipulables » ramène à la complexité du langage dont l'apprentissage se fait par l'exercice et la pratique. Les exemples illustrant les propos de l'auteur montrent que les mathématiques demeurent le prototype du fonctionnement de notre langage : « les nombres cardinaux, irrationnels et réels, nous les appelons tous « nombres ». Mais ils ont des grammaires totalement différentes, et dire que nous ne pouvons énoncer les mêmes choses s'agissant de cardinaux ou de réels, c'est comme dire que nous ne pouvons pas employer un échiquier au whist ou un filet de tennis au rugby » (*CC2*, III, XIV, 144). Ces différentes catégories de nombres partagent quelque chose qui leur permet d'être appelés « nombre », de la même manière que les différents jeux sont des jeux, et que les différents usages que nous pouvons faire des signes ont juste un air de famille. *Les leçons sur les mathématiques* traiteront de la question plus profondément.

Frege et Russell ont tort de vouloir arriver à une définition du nombre en le concevant comme un substantif devant désigner une chose dont traiteraient les mathématiques. Il est important de garder à l'esprit que pour Wittgenstein ce sont les mathématiques, en tant que calcul, qui servent de prototype au langage et qui conduisent à éliminer toute possibilité de définir de prétendus objets dont les signes seraient des noms. Par conséquent, on ne peut définir le nombre, ni même poser la question : qu'est-ce qu'un nombre ? Ce sont les différents usages des noms de nombre qui en donnent la signification et non la possibilité d'établir une corrélation entre les nombres et leur nom. C'est ainsi que le nombre 7, par exemple, peut être utilisé dans un contexte mathématique comme « 7 est un nombre premier » ou dans un contexte ordinaire comme dans « il y a sept hommes dans la pièce » (*CC2*, Hiver *1935*, XII, 184). La conception formaliste du nombre qui confond le nombre avec son signe est rejetée car elle impliquerait que le nombre 3 serait substituable au signe « 3 ». On peut effectivement dire que le signe 3 « est rouge » ou « écrit de travers », mais on ne peut le dire du nombre 3. Refusant toute hiérarchie des langages, il ne s'agit pas non plus pour Wittgenstein de chercher autre chose que la marque « 3 » sur le papier, car derrière les mots il n'y a rien, en ce sens que la signification n'est pas indépendante du signe.

Il est vrai que la conception du nombre comme substantif a quelque chose de tentant car elle permet de traiter la corrélation entre deux groupes en termes de vérification. Or, si la méthode de Russell avait été utile, il aurait, selon Wittgenstein, proposé une méthode pour indiquer si deux groupes ont le même nombre. En réalité, le mot « nombre » ne fait pas exception et comme pour tout autre signe de langage, il faut plutôt en élucider la grammaire et à ce moment-là « nous cessons de poser la question : qu'est-ce qu'un nombre ? ». En effet, « dès lors que nous mettons au clair l'emploi du mot "nombre", nous cessons de poser la question : qu'est-ce qu'un nombre ? » (*CC2*, Printemps 1935, I, 198). Wittgenstein traitera longuement du rapport des mathématiques avec l'expérience dans ses cours sur les mathématiques. Cette exigence qui consiste à préciser l'usage que nous faisons des signes du langage concerne tout type de langage. Il est toujours nécessaire de « donner une vie au mot ».

L'arithmétique n'échappe pas à la règle. Elle est pour le philosophe comme « une boîte à outils », analogie utilisée dans *La grammaire philosophique* au sujet de notre langage quotidien. Nous n'avons pas plus besoin d'une définition du nombre que nous avons besoin d'une définition du roi au jeu d'échecs. L'idée d'une forme générale de la proposition est ainsi rejetée juste après le *Tractatus* excluant toute uniformité du langage, du sens et du réel.

The Big Typescript

Le *Big Typescript* englobe la totalité des remarques écrites entre 1929 et 1932, dont Wittgenstein fit plusieurs relectures qui se traduisirent par des corrections, des rajouts et des ratures. Ce manuscrit ne portait pas de titre, bien que Wittgenstein ait considéré en 1933 qu'il constituait ce qu'il avait de mieux et qu'on puisse le considérer comme une première tentative de sa part de rassembler ses pensées en un ouvrage.

Le style et l'aspect du manuscrit témoignent de la volonté de Wittgenstein d'y tracer son cheminement après le *Tractatus* et probablement de le diffuser. En effet, il est divisé en dix-neuf parties, subdivisées en sous-parties numérotées et suivi de cinq appendices. Ce gigantesque texte, comme le montrent déjà le nombre et les titres des chapitres, regroupe les intérêts de Wittgenstein de la *Grammaire Philosophique* aux *Recherches Philosophiques*. Il y traite, en effet, de la compréhension, de la signification, du sens, de la proposition, de la compréhension soudaine (*Augenblick*), du langage, de la pensée, de la grammaire, de l'intention, de la logique et des mathématiques, de la philosophie, de la phénoménologie en tant que description grammaticale et de l'idéalisme. Il semble que dans la plupart de ces chapitres, le discours de l'auteur soit méthodiquement suivi dans le but de répondre à un problème annoncé. Ce manuscrit n'est pas du tout « un album », terme utilisé par Wittgenstein pour qualifier ses *Recherches Philosophiques*.

Comprendre c'est saisir une profondeur du sens (*BT*, 2, 18), en ce sens qu'une vraie proposition doit être utile (*nützlich*), c'est-à-dire intervenir dans notre vie (*BT*, 2, 17) d'une manière ou d'une autre. C'est la grammaire qui permet cette compréhension profonde. Elle n'a pas de rapport avec la valeur de vérité mais comprend toutes les conditions de comparaison de la proposition avec la réalité (*Wirklichkeit)* (*BT*, 12, 41). Wittgenstein parle même de preuves du sens, car ce sont les réactions de l'interlocuteur qui prouvent que le langage est appliqué correctement (*Anwendung / Gebrauch*). L'usage du terme “preuve” montre l’attachement du philosophe au modèle mathématique.

Le passage à une grammaire supplantant ou plutôt englobant la logique se prépare mais il semble que le concept de règles et surtout la détermination de la manière dont elles fonctionnent ne soient pas encore bien élaborés. En effet, le langage est conçu comme un calcul qui opère avec des règles de grammaire fixes (*festgelegte Regeln*) (*BT*, 58, 258), alors que la suite des écrits de Wittgenstein montre justement que la grammaire ne peut contenir toutes les applications de ses règles. Mais il parle déjà de significations flottantes, faisant que le langage a besoin d’être interprété, d’où la nécessité d’additifs (*Zusatz*) (*BT*, 4, 19), dont le philosophe ne précise encore ni le sens, ni la teneur. Wittgenstein reste attaché à une logique binaire et le fait que le sens soit “flottant” ne signifie pas qu’il soit imprécis, car, comme nous l’avons vu, le langage est une institution sociale faisant que dans une situation donnée, non seulement nous employons les mêmes règles d’usage du langage mais que nous les appliquons également de la même manière. Le point nodal de la philosophie de Wittgenstein après le *Tractatus* repose sur l’élargissement de sa conception des règles qui régissent notre langage et le *Big Typescript* précise ce qu’est la grammaire en tant que phénoménologie s’opposant à tout physicalisme et également à toute psychologie. Ce traitement grammatical et non plus logique du langage concerne aussi les mathématiques, dont il a beaucoup traité, non pas en tant que telles, mais plutôt en tant que prototype du fonctionnement du langage. La théorie mathématique est dans un rapport non négligeable avec son application qui lui permet d’acquérir un sens, comme le montreront les écrits sur les mathématiques.

En fin de compte, le *Big Typescript* soulève toutes les questions de l'après *Tractatus*, à savoir que la pensée n'est pas la cause du langage (*BT*, 155, 222) et que « l'interne » (*Innen*), la pensée, n'est pas la cause de « l'externe » (*Aussen*), le langage. La pensée ne peut être comparée à un mécanisme qui fonctionnerait en interne et dont on pourrait voir les manifestations comme le montreront les derniers écrits du philosophe. Ces conceptions auxquelles Wittgenstein a consacré ses derniers écrits côtoient celles qui datent du début des années trente, la première partie de la *Grammaire Philosophique* est pratiquement identique aux premiers chapitres du *Big Typescript*. Quant aux derniers chapitres consacrés aux mathématiques, à leurs fondements, au nombre cardinal, à la preuve, l'induction, l'infini, ils sont assez techniques et seront repris dans les textes consacrés aux mathématiques. Nous y reviendrons.

La Grammaire Philosophique

La *Grammaire philosophique*, rédigée entre 1932 et 1933, se compose de deux parties, la première portant sur la proposition et son sens et la seconde sur les mathématiques, le rapport entre les deux, pouvant paraître a priori étrange. Mais en réalité, la lecture du texte clarifie le lien entre les deux dans la mesure où la première partie s'attache à montrer qu'utiliser un langage est analogue à calculer.

Wittgenstein a toujours défendu l'idée que la proposition se définit par son sens, sauf que dorénavant ce sens n'est pas isolé d'un système de signes que nous maîtrisons, que nous « dominons » avec ses variations. Comprendre « n'est pas un état de conscience », c'est un savoir en quelque sorte pratique et donc dynamique. « Ce qu'on appelle langage est une entité constituée de parties hétérogènes : et la façon dont il intervient dans ma vie est infiniment diversifiée » (*GP*, 29) selon des règles que nous appliquons grâce à un processus d'apprentissage qui n'est pas théorique. « Le langage n'est pas quelque chose que l'on structure pour ensuite l'adapter à la réalité » (*GP*, 46). Il naît et évolue avec nos pratiques et une explication psychique ne peut être utile pour comprendre son fonctionnement (*GP*, 60, 64, 65). Le fait qu'il y ait des usages différents et que la grammaire soit générale est vu comme « une liberté de mouvement », c'est-à-dire une souplesse dans la manière d'appliquer les règles du langage.

Même si le langage est pluriel, les signes ne sont pas si aléatoires qu'on peut le penser mais disent ce qu'ils disent dans un système, sans qu'aucune distance puisse être envisagée entre eux et ce qu'ils expriment et ce, malgré ou plutôt grâce au rôle primordial de paramètres extralinguistiques partagés qui permettent une vraie communication. Wittgenstein écrit très joliment que « vouloir dire quelque chose c'est comme s'élancer vers quelqu'un » (*GP*, 107). Il y a une multiplicité de façons de le faire, ce sont « des aspects de ce que nous appelons « langage » : Langage verbal, graphique, gestuel, sonore » (*GP*, 129), y compris "un langage vu" (app. 3), toujours est-il qu'il s'intéresse en particulier à la langue.

C'est ainsi que dans notre langage, il revient à la grammaire de dire si une autre proposition est ou non la conséquence d'une proposition donnée et cela en l'absence de toute surprise (*GP*, 265) comme le montrera l'idée de familiarité et d'habitude. Il est, par exemple, de coutume que « si c'est Noël, alors je décore mon sapin ».

La relation d'implication entre les deux propositions ne nous étonne pas conformément à une tradition donnée. En revanche, une déduction logique est différente car elle est formelle et les règles qui la permettent n'ont aucun lien avec la réalité; en logique « on ne peut creuser derrière les règles, car il n'y a rien derrière elles » (*GP*, 248). Lorsqu'on dit que *p suit de q*, cela signifie que p doit être contenu dans la pensée de q, c'est-à-dire qu'en pensant la proposition p, on pense en même temps q, alors même qu'elles sont consécutives. Cette idée repose, selon Wittgenstein, sur une conception « psychologisante » et « fausse » (*GP*, 253) car dire par exemple que de *pvq* suit *p* ne demande pas en pensant à *p* de penser à *pvq*. C'est la définition de la conjonction qui fait que si p, alors pvq, quel que soit q. Le problème concerne donc la possibilité de penser simultanément ce qui est consécutif, à savoir, l'antécédent et le conséquent, d'autant qu'il n'est pas impossible que d'une proposition découle une infinité d'autres. L'inférence formelle est générale, sa source n'est pas l'expérience et en logique tout est déjà connu; « la proposition que p ne reconnaît pas comme sa conséquence, n'est pas sa conséquence » (*GP*, 259). Wittgenstein inclinerait « à dire qu'une proposition ne suit d'une autre que lorsqu'elle lui est confrontée », c'est la grammaire d'une proposition, c'est-à-dire son usage, qui permet de dire si une proposition suit d'une autre ou non, et ce en vertu de son sens. Cette comparaison entre deux types d'inférence, formelle ou réelle, marque encore l'importance de la grammaire du sens par rapport à la logique, ainsi que sa spécificité par rapport à la grammaire scolaire (syntaxique).

Pour Russell et Whitehead, les mathématiques, en tant que calcul, dépendent de leurs règles qui doivent juste ne pas se contredire. Mais même si l'idée de non-contradiction est, certes, primordiale en mathématiques, Wittgenstein la conçoit différemment. Il insiste pour dire qu'« une contradiction n'est contradiction qu'à partir du moment où *elle est là* » (*GP*, *Rem. P.*, app. 2). Autrement dit, un calcul ne peut être qu'irréprochable au départ car une contradiction doit « s'extérioriser » pour en être une. On ne peut prouver la contradiction que lorsqu'on s'y heurte, c'est-à-dire lorsqu'on ne peut plus appliquer les règles. À ce moment-là, il suffit d'introduire une nouvelle règle pour l'abolir, de la même manière que les règles d'un jeu n'entrent pas en conflit tant que nous pouvons y jouer. Seule l'application du calcul peut donner des propositions vraies ou fausses. Wittgenstein demeure attaché à la conception de la proposition comme étant un énoncé sensé dont on peut déterminer la valeur de vérité.

À partir de l'examen de questions précises et parfois techniques des mathématiques, telles que l'inférence logique, les fondements des mathématiques les nombres cardinaux, la preuve en mathématiques, la démonstration, l'infini…, le philosophe montre que ce sont les règles de grammaire qui régissent ces questions et qu'en mathématiques aussi « les hommes sont pris dans le filet du langage et ne le savent pas » (*GP*, 467). C'est ainsi qu'ils confondent, par exemple, l'emploi de « divisible » dans l'expression « divisible en deux parties » et « divisible de façon illimitée ». Or, la grammaire des deux usages est différente. On ne peut utiliser le mot « infini » comme si c'était un terme numérique (*GP*, 468).

Le lien entre le calcul mathématique et le langage ordinaire est consolidé dans la seconde partie de la *Grammaire philosophique* qui met en avant l'analogie du calcul avec le jeu d'échecs, laquelle concerne les règles et ouvre la voie vers le concept de jeu de langage, comme nous l'avons vu dans la seconde partie.

Le Cahier Bleu et le Cahier Brun

Durant le cours de Cambridge de 1933-1934, Wittgenstein discute de manière informelle des questions traitées dans le *Cahier bleu*, telles que l'ambiguïté de la définition ostensive ou la signification comme emploi. Il revient assez clairement sur l'idée que la compréhension consiste plus dans celle de l'intention du locuteur que dans la connaissance des règles du langage qui sont appliquées.

Ce *Cahier bleu* est un cours dicté par Wittgenstein à ses étudiants au fil de l'année 1933-1934. Il ne comporte ni chapitre, ni numérotation de paragraphes. Le déroulement de la pensée du philosophe y est pourtant clair, bien qu'il ait écrit à Russell, lorsqu'il lui envoya le texte dactylographié, que sa compréhension n'en serait pas facile car il s'agit souvent de simples notes. Il y applique la double nouveauté de sa philosophie post-*Tractatus*, à savoir la méthode qui se contente de poser des questions sans y répondre, le rôle de la philosophie n'étant pas d'y répondre, et celle de procéder par exemples, par hypothèses à la manière du mathématicien. Cette méthode qui consiste « à donner constamment des exemples et à parler de comparaisons » permet grâce aux cas parallèles de changer « notre façon de voir, parce qu'ils détruisent l'unicité du cas que l'on examine » (*CC2*, II, 68).

La préoccupation de Wittgenstein dans ces notes demeure la suivante : « qu'est-ce que le sens d'un mot ? », comme l'indique la première phrase du *Cahier bleu*. Il y élimine clairement toute possibilité de définir les mots, et même de montrer les significations, tout geste pouvant être lui-même ambigu. Il rejette également toute explication psychologisante de la compréhension. « On a tendance à voir dans l'utilisation du langage deux opérations distinctes : une opération extérieure et formelle : la manipulation des signes ; et une opération organique : comprendre les signes, leur donner un sens, les interpréter, penser » (*CB*, 29). En réalité, le sens n'est pas à distinguer du signe qui le véhicule et il n'est pas question en philosophie d'apprécier le langage et le sens dans un rapport quelconque avec l'esprit car « les problèmes que l'on peut se poser au sujet de l'esprit sont des problèmes de psychologie, et la méthode scientifique est la seule qui convienne pour les aborder » (*CB*, 32). Parler d'un lieu où se passerait la pensée n'est bien sûr pas absurde, mais cela ne nous serait d'aucune utilité pour découvrir des pensées. Ce qu'exprime le langage, à savoir nos pensées, nos espoirs, nos désirs, nos croyances … ne fait pas appel à un processus mental qui serait indépendant et dissocié de l'expression. Les mots sont des « instruments définis par leur usage » et ce, « dans des formes de combinaisons très variées » (*CB*, 127).

La progression par rapport à la *Grammaire philosophique* consiste dans le fait que l'idée que le langage fonctionne comme un calcul s'exprime par le concept de jeu de langage dont il donne une première définition : « “le jeu de langage” c'est la langue de l'enfant qui commence à utiliser les mots. L'étude des “jeux de langage” c'est l'étude des formes primitives du langage ou des langues primitives » (*CB*, 47). Le calcul est le prototype de fonctionnement qui vaut pour tous les langages, y compris les plus complexes. Il est intéressant de voir la manière dont Wittgenstein accorde l'idée que le langage consiste à appliquer des règles avec celle que les mots n'ont pas pour autant un sens précis. Ce qui ne constitue nullement un défaut ou une erreur, bien au contraire : « croire que c'est un défaut, ce serait à peu près comme si je vous disais que ma lampe de chevet n'est pas une vraie lampe parce que je suis incapable de dire avec certitude où s'arrête l'orbe de la lumière » (*CB*, 64). *Le Cahier Bleu* se termine par une mise en garde contre la tentation d'établir « un rapport occulte entre les mots et les choses ». Cette question semble être définitivement réglée car dans le *Tractatus*, les mots/ les noms sont dotés d'une signification, même si elle n'est que théorique, comme nous l'avons vu.

L'année d'après (1934-1935), Wittgenstein dicte un autre de ses cours : *Le Cahier Brun*. Ce cahier se rapproche beaucoup des *Recherches Philosophiques*, des passages nombreux sont certes repris mais il serait exagéré de dire, comme on l'a souvent fait, qu'il correspond intégralement à la première partie du texte postérieur.

Le Cahier Brun se compose de deux parties, constituées de paragraphes assez longs. Comme les *Recherches philosophiques*, la première partie commence par invoquer la conception augustinienne de la signification, laquelle ne correspond pas vraiment aux situations que nous vivons, parce que trop simple. Wittgenstein précise la définition du jeu de langage qu'il avait donnée dans le *Cahier Bleu*, en tant que langage de l'enfant, dans le sens où il faut éviter de la prendre à la lettre.

Il propose d'imaginer un langage dans lequel chaque mot renverrait à un objet : le fameux langage entre l'ouvrier et le maçon, pour lequel il suffit de s'entraîner de la même manière qu'on « entraîne un animal à faire des choses » (*CBr*, 1). Wittgenstein cite le paragraphe d'Augustin qu'il commente largement dans une vingtaine de paragraphes, en le rapprochant aussi de l'exemple du jeu, dans le *Cahier Bleu*, qui consiste à demander à quelqu'un d'aller chercher cinq pommes chez l'épicier (*CB*, 47) et en expliquant clairement que le jeu de langage du maçon et de l'ouvrier peut être pris, malgré sa simplicité, comme le prototype du fonctionnement du langage, quel que soit son degré de complexité.

Nous ne reviendrons pas sur le fonctionnement des jeux de langage. Il est toutefois opportun de relever que notre auteur soulève des questions importantes qui seront élucidées plus tard, à savoir :

– La « méthode descriptive » montre que les exemples exposés ont quelque chose en commun comme lorsqu'on nous présente « une série de portraits de famille afin d'attirer notre attention sur certains caractères généraux » (*CBr*, 73).

– La description du fonctionnement de notre langage en vue de communiquer pose tout de même la question de savoir si elle englobe le langage des sentiments et des sensations. « Quand je parle de communiquer à quelqu'un ce que je puis éprouver, ne faut-il pas, si je veux moi-même m'entendre, que j'aie connaissance d'un critère qui me permette de dire que j'ai réussi à le communiquer ? ».

– L'application des règles ne nécessite ni prescience, consistant à détenir toutes les applications possibles, ni intuition, ni même décision, mais de l'action. À ce propos, il parle d'action intentionnelle.

Les notes sur l'expérience privée et les sens data

Ces notes sont des remarques à l'état brut préparant vraisemblablement le cours sur *Le langage des sense-data et de l'expérience privée*. Les deux textes datent de la même période 1935-1936 et ouvrent la voie aux *Recherches Philosophiques*, en particulier à la question très importante du langage privé par laquelle se termine le *Cahier brun* justement.

La progression des interrogations de Wittgenstein explique son intérêt pour la philosophie de la psychologie. Le rôle social et communicatif du langage pose d'emblée des difficultés quant à la possibilité d'exprimer des sentiments. Comment comprendre la difficulté que peut éprouver quelqu'un à dire avec précision ce qu'il ressent ? « Qu'appelle-t-on décrire à quelqu'un ce que l'on ressent ? ». Si les sense-data sont privées, nous devons apprendre à « laisser les autres voir au-dedans de nous » (*NEP*, 2, 5). Comment comparer alors nos sensations avec ce que nous en disons et surtout comment les partager ?

Lorsque nous utilisons des expressions comme : « j'ai mal aux dents » ou « je vois du rouge », il s'agit bien de l'expression d'une expérience privée. Peut-on dire qu'on voit du rouge alors qu'on voit du vert ou avoir mal aux dents sans en avoir le comportement ? Comment distinguer un gémissement avec mal de dents d'un gémissement sans mal de dents ? Comment reconnaître la sincérité de la feinte ou du mensonge ?

Étant donné que la fonction du langage consiste à communiquer un contenu à un interlocuteur et qu'il est objectif et public par définition, ces questions ne peuvent pas ne pas se poser et remettre en question qu'un contenu privé et subjectif puisse être saisi à son juste vécu ou senti. Le rapport entre un contenu dit privé et le langage ne peut donc qu'être beaucoup plus étroit qu'on pourrait le penser. Le terme « sensation » n'est, en effet, pas un terme privé (*LSD*, XIII, 189) et nous devons préciser l'usage que nous faisons de ce terme : « le caractère privé de ce que je ressens peut vouloir dire : nul ne peut en avoir connaissance que si je le montre, ou : je ne peux pas le montrer vraiment. Ou : si je ne souhaite pas le montrer, je ne suis pas tenu d'en donner un signe ; mais même si je souhaite le montrer, je ne peux en montrer qu'un signe, non montrer cela même que je ressens » (*NCP*, 232). Ainsi, parler du caractère privé du sens-datum « est une règle grammaticale » (*NEP*, 49).

Toutes ces questions sur les sense-data, leur caractère privé et leur expression ne reçoivent pas de réponse, mais on voit déjà que pour Wittgenstein la relation entre interne et externe, entre le sentiment, la sensation et leur expression sera particulière. Ce sont des questions qui seront très discutées dans les *Recherches Philosophiques* – sous la forme d'un va-et-vient critique entre behavioristes et mentalistes – et surtout dans les derniers écrits sur la psychologie.

LES ÉCRITS SUR LES MATHÉMATIQUES

En tant que modèle pour le fonctionnement du langage, les mathématiques revêtent une importance capitale dans la philosophie de Wittgenstein en particulier au début des années trente. Mais ce n'est que vers la fin de cette décennie qu'il s'intéresse au langage mathématique en tant que tel et développe une philosophie des mathématiques qu'il tient à distinguer des mathématiques comme discipline. D'ailleurs, il qualifie son incursion en mathématiques de négligeable, car les exemples auxquels il se réfère sont – d'après lui – élémentaires. Wittgenstein ne prétend pas élaborer une théorie quelconque se rapportant aux mathématiques, d'autant qu'il n'a nullement la prétention de critiquer les avancées certaines effectuées dans cette discipline. Il s'attaque, en revanche, au mauvais usage du langage fait par les mathématiciens ainsi qu'à leur tendance à ne pas distinguer entre les énoncés mathématiques et les énoncés empiriques. La philosophie des mathématiques se concentre dans deux ouvrages qui se chevauchent : *Les remarques sur les fondements des mathématiques* et *Le Cours sur les fondements des mathématiques.*

Les Remarques sur les fondements des mathématiques sont publiées en sept parties regroupant des écrits allant de 1937 à 1944. Les deux premières parties ont été rédigées entre 1937-1938 et sont donc très proches du cours de 1939. Exceptionnellement interactif, ce *Cours sur les fondements des mathématiques* est particulièrement dense puisqu'il se tient deux fois par semaine à raison de deux heures par séance. Des spécialistes des mathématiques comme Turing et d'autres assistent aux leçons et animent fortement le débat.

Le cours de 1939 sur les fondements des mathématiques est bien conduit et clairement argumenté, bien que Wittgenstein l'ait dispensé sans faire appel à des notes. Le mérite des traces écrites dont nous disposons revient à ses étudiants, certains ayant organisé leurs notes et d'autres les ayant gardées telles quelles. Ce qui peut évidemment susciter des interrogations quant à la fidélité de ces écrits à la pensée et aux propos du conférencier. Mais, en réalité, les recoupements avec les *Remarques sur les fondements des mathématiques*, qui reprennent les mêmes questions et datent en partie de la même époque sont rassurants à ce sujet ; d'autant que les propres notes de R. Rhees, qui assista aux cours, servirent à établir une grande partie du texte qu'il révisa dans son intégralité.

Tout d'abord, contrairement à ce que l'on a tendance à croire, le langage mathématique est loin d'être épuré de toute confusion et n'est pas moins flou que notre langage quotidien. Les confusions mathématiques concernent aussi bien des termes techniques que « des mots du langage ordinaire de tous les jours » (*CFM*, I, 2), tels que "preuve", "nombre", "série" …, ceux-ci étant bien plus tenaces que les premières dont on peut se débarrasser assez aisément. Par conséquent, comme tout autre langage, le langage mathématique souffre du mal qui consiste à utiliser le même terme pour dire des choses différentes sans en distinguer les usages. « À l'instar des primitifs, nous avons une forte tendance à dire : « toutes ces choses bien qu'elles paraissent différentes, sont en réalité les mêmes », plutôt que « toutes ces choses, bien qu'elles paraissent les mêmes, sont en réalité différentes » (*CFM*, I, 3). Cette remarque concerne inhabituellement le langage mathématique et si les expressions mathématiques ont « une quantité indéterminée d'emplois », Wittgenstein ne peut que rejeter toute possibilité de présenter une théorie générale de la preuve, de la vérité mathématique, de la consistance…et par là-même le logicisme, le formalisme et l'intuitionnisme.

La réflexion wittgensteinienne sur les mathématiques traite principalement de deux questions en rapport avec les différentes discussions de l'époque. La première question, qui est plus ancienne et qui commence à s'estomper, concerne le rapport des mathématiques avec la logique et la seconde leur rapport avec l'expérience. Le rapport des mathématiques avec l'expérience doit être clarifié car il est la source de nombreuses confusions. C'est ce qui explique peut-être que, contrairement à son habitude, le philosophe accepta durant ses cours d'être interrompu et de discuter de questions litigieuses. C'est surtout avec Turing que la discussion fut très soutenue et Wittgenstein tenait tellement à sa présence critique qu'il reprit un cours duquel celui-ci avait été absent car dit-il « il ne sied pas … que j'obtienne l'assentiment du reste de l'auditoire sur un point auquel Turing n'assentirait pas » (*CFM*, VI, 68).

Leur différend porte essentiellement sur le rapport des mathématiques à l'expérience et Wittgenstein tient à convaincre Turing qu'il n'a nullement l'intention de « saper les mathématiques, [ni d'] introduire le bolchevisme en mathématiques » (*CFM*, VI, 68). L'expression « le bolchevisme en mathématiques » a été utilisée par Ramsey à propos de l'intuitionnisme. Alors que Wittgenstein distingue le calcul de l'expérience, Turing fait du calcul une expérience. Ce que le philosophe refuse car on ne pourrait pas expliquer que le résultat d'une expérience puisse être le résultat d'un calcul, ni également en quoi pourrait bien consister le résultat incorrect dans une expérience (*CFM*, X, 94). Distinguer le calcul de l'expérience ne signifie pas que les mathématiques n'aient pas de relation possible avec l'expérience. Au contraire, ce sont des considérations extra-mathématiques qui révèlent l'importance d'une technique inventée par le mathématicien ; il importe seulement de distinguer la théorie du calcul de son application. C'est ainsi qu'on ne peut parler d'égalité sans en préciser les critères, lesquels diffèrent selon que l'on parle d'égalité numérique ou de l'égalité de deux poids, par exemple, et qu'on ne peut expliquer en quoi consiste la construction d'un pentagone, si on ne peut expliquer « de quoi cette construction sera la construction » (*CFM*, V, 50-51).

Qu'est-ce que les mathématiques ?

Les mathématiques sont un calcul, une technique qui consiste en « la démonstration d'une propriété interne (une propriété de l'essence) des structures » (*RFM*, I, 99). Comme dans le *Tractatus*, les propriétés internes ont pour caractéristique « le fait que toujours, invariablement, elles se trouvent dans l'ensemble qu'elles déterminent ; en quelque sorte indépendamment des événements extérieurs. Tout comme la construction d'une machine sur le papier ne se brise pas tandis que la machine elle-même succombe à des forces extérieures ». Une proposition mathématique suit ou dérive de telle autre « hors du temps », et ne peut donc exprimer « le résultat d'une expérience » (*RFM*, I, 102, 103). Mais si ce calcul est en ordre, et donc irréprochable, Wittgenstein se heurte à une difficulté puisqu'une contradiction doit "s'extérioriser" pour en être une, dans la mesure où on ne peut prouver la contradiction que lorsqu'on s'y heurte, c'est-à-dire qu'on ne peut plus appliquer les règles. Par conséquent, on ne peut pas définir la vérité mathématique par l'absence théorique de contradiction, celle-ci ne pouvant concerner que l'application d'un calcul.

En mathématique tout est question de règle, on n'en sort pas pour établir qu'un énoncé est vrai. C'est la grande différence avec notre langage ordinaire, le mathématicien n'essaie pas de convaincre de quoi que ce soit mais de prouver par l'application de règles. Les mathématiques se rapprochent des jeux (*CFM*, XV, 143) dont il faut distinguer la théorie du jeu que jouent les joueurs. La spécificité des mathématiques revient au fait qu'elles ont « une application évidente » (*CFM*, XV, 150), car la vérité y revient à un accord sur les règles et non sur les résultats. Ce n'est pas parce que tous arrivent au même résultat que c'est vrai, mais c'est parce qu'ils ont appliqué les mêmes règles qu'ils arrivent au même résultat. Ceci n'exclut pas le fait que les propositions mathématiques puissent tout à fait être utilisées dans un autre cadre empirique et temporel.

Il est vrai que séparer les mathématiques de leur application n'est pas aisé comme le fait de distinguer entre un comptage mathématique et un comptage ordinaire. Par exemple dire que « 20 pommes + 30 pommes font 50 pommes » peut ou non porter sur les pommes, cela dépend de l'usage qui est fait de cette proposition, qui a donc la même apparence dans les deux sens (*CFM*, XII, 113). Une proposition mathématique ne porte pas sur « des griffonnages au tableau noir ».

Contrairement à Frege, qui compare les mathématiques à la géographie, il semble évident pour Wittgenstein de ne pas attribuer l'existence aux objets mathématiques. La caractéristique de l'infini par exemple ne se trouve pas dans sa grandeur mais dans « sa non fermeture ». Si quelqu'un disait qu'il a acheté quelque chose d'infini et qu'il l'avait ramené chez lui, on lui répondrait : « Grand Dieu ! Comment avez-vous réussi à le ramener ? » (*CFM*, XIV, 142). De même que le concept de droite infinie ne pose aucun problème sauf si on veut le remplacer par un segment rectiligne d'une longueur indéterminée.

La proposition mathématique

Dans le *Tractatus*, les énoncés formels, qu'ils soient mathématiques (équations) ou logiques (tautologiques), sont des pseudo-propositions dans la mesure où elles ne remplissent pas la condition leur permettant d'être des propositions, à savoir, un sens qui consiste à exprimer au moins un état de choses. Qu'advient-il des énoncés mathématiques dans les écrits sur les mathématiques? Sont-ils des propositions ?

Il semble que cette question importante ne soit pas vraiment soulevée par le philosophe : La proposition mathématique est en effet donnée par le calcul, elle « est *par essence* le dernier membre d'une démonstration qui la rend visible comme correcte ou incorrecte », elle « est le dernier maillon d'une chaîne de preuves ». Dans ce cas, la proposition mathématique n'a pas de sens susceptible de précéder sa valeur de vérité ; c'est au contraire cette dernière qui lui confère un sens, puisqu'elle n'a d'existence qu'une fois démontrée. La prouver revient à lui donner un sens. Wittgenstein présente une conception particulière de la proposition mathématique qui diffère de celle de la proposition en général – son sens étant donnée par sa valeur de vérité – et de la proposition mathématique – comme modèle – en particulier.

C'est dans la troisième partie des *Remarques sur les fondements des mathématiques* (1939-1940), plus ou moins contemporaine du cours de 1939 que Wittgenstein précise qu'une preuve doit d'abord être « synoptique », c'est-à-dire qu'elle doit permettre de voir comment passer d'une proposition à une autre indépendamment de tout contenu, ce qui lui permet de pouvoir être reproduite facilement et sûrement indépendamment du rapport des mathématiques avec l'expérience. En effet, la preuve « ne montre pas simplement *qu'*il en va ainsi mais : *comment* il en est ainsi. Elle montre comment 13 + 14 font 27 ». Cette preuve est faite « une fois pour toutes », « elle montre le résultat d'un processus "de construction"... »

(*RFM*, III, 22). Il est vrai, en même temps, qu'elle constitue un modèle pour l'expérience et si 200 pommes + 200 pommes font 400 pommes, c'est parce que 200 et 200 font 400. Les propositions mathématiques sont « une fois pour toutes des instruments adoptés par le langage ». Russell n'a pas conçu les choses de cette manière et on ne sait pas dans quelle mesure ses tautologies pourraient être « des instruments du langage », il « n'a accordé aucune attention à l'*application* ». Une preuve « m'amène à dire qu'il *doit* en être ainsi » (*RFM*, III, 29-30). Dans les *Principia*, Russell ne prouve rien car « toute reproduction de la preuve doit démontrer la même chose, il lui faut donc d'un côté reproduire automatiquement le résultat, d'un autre côté également reproduire la nécessité de l'obtenir » (*RFM*, III, 55). En d'autres termes, il faut avoir une vue d'ensemble de la preuve.

Si prouver revient à « mettre de l'ordre », cela ne peut se faire que grâce à l'application de règles de transformation, permettant de passer d'une proposition à une autre, c'est donc une technique, un contrôle formel dont le résultat est une proposition formelle. Ce qui fait dire à Wittgenstein que la preuve est l'image qui justifie la règle. « La preuve n'est un contrôle formel qu'à l'intérieur d'une *technique* de transformation. Lorsque tu demandes de quel droit tu énonces cette règle, la preuve est la réponse » (*RFM*, VI, 2), elle n'est pas temporelle et elle est « souveraine ». C'est donc elle qui légitime les énoncés mathématiques sans recourir, nécessairement de surcroît, à des paramètres extralinguistiques comme cela est le cas pour le langage ordinaire.

C'est ainsi que lorsqu'on demande à un écolier de montrer « comment il existe une infinité de nombres premiers », il faut clarifier le jeu de langage et peut-être faut-il insister sur la distinction entre « montrer comment » et « montrer que » (*RFM*, VI, 10), les mathématiques n'ayant pas besoin d'appui empirique. Le *comment* est une question d'application des règles, qui présuppose simplement la régularité.

Mathématiques et jeux de langage

Conformément à la conception générale du langage après le *Tractatus*, le langage mathématique s'acquiert par un apprentissage et une sorte de dressage. « Les mathématiques constituent un jeu de langage tout entier avec ses questions et ses réponses » (*RFM*, VII, 18). Par conséquent, une formule mathématique est entendue selon « la façon dont nous l'employons constamment, la façon dont on a appris à l'employer », ce qui donne un côté « inexorable » aux mathématiques, qui vient en réalité de l'usage que nous en faisons quotidiennement. Les séries des nombres naturels et notre langage ne sont par conséquent ni vrais, ni faux, mais « utilisables » et surtout « utilisés ». « C'est pourquoi nous sommes inexorablement contraints de dire "deux" après "un", "trois" après "deux, etc." » (*RFM*, I, 4).

Ainsi donc, en mathématiques et en logique, on emploie les mots « de la même manière que les autres » les emploient dans les mêmes jeux de langage, ce qui implique que parler d'une façon correcte ne veut rien dire, car il y a « toutes sortes de manières différentes » de faire de la logique ou des mathématiques régies par un consensus « qui consiste à faire la même chose, à réagir de la même façon ». Contrairement au fonctionnement du langage ordinaire, ce consensus n'est pas un consensus d'opinion (*CFM*, XIX, 184-187). Il s'agit plutôt d'un consensus d'action, d'une question d'entraînement, qui « appartient *essentiellement* au calcul, cela est certain, il appartient au phénomène de notre calcul. Dans une technique de calcul, les prophéties doivent être possibles et consistent à obtenir nécessairement ce résultat si nous appliquons cette règle » (*RFM*, III, 67). Le langage mathématique, le calcul ne pourraient pas fonctionner autrement. Les lois de la logique sont rigides, comme le serait une loi juridique qui condamne sévèrement un délit, alors que dans l'application les juges peuvent être plus ou moins indulgents mais ceci n'empêche pas de dire que la loi est inexorable (*CFM*, XX, 197). « Nous ne disons pas : "donc nous fonctionnons *comme cela !*" mais "donc cela fonctionne *comme cela !*" » (*RFM*, III, 69), propos que Wittgenstein avait écrit pratiquement à la lettre pour expliquer ce qu'est un jeu de langage. « Il serait impossible qu'un homme ne calcule qu'*une seule fois* dans sa vie » (*RFM*, III, 67).

Étant donné que Wittgenstein ne fait pas la généalogie des langages, tout langage est simplement « hérité », nous le trouvons et nous l'intégrons de façon à rejeter « naturellement » les contradictions qui nous mettent dans l'embarras (*CFM*, XXI, 206). La maîtrise du langage mathématique est une question d'exercice, faisant que son usage devient habituel et « naturel » à l'instar de tout langage.

Par conséquent, en mathématique aussi, une proposition est ce qu'on en fait, les signes ont la signification, c'est-à-dire l'usage (la fonction) qu'on leur donne. C'est ainsi que l'axiome est une proposition dont l'usage est d'être un axiome. Ce qui signifie qu'une proposition est un axiome si on l'emploie en tant que tel. Aucune proposition n'existe en dehors de l'usage qu'on en fait. On peut alors se demander si les mathématiques ont un autre usage qu'elles-mêmes ou si elles sont juste une « commodité » (*RFM*, IV, 52). Il est sûr que nous en attendons « certaines expériences » qui sont essentielles, comme le fait que la même multiplication donne toujours le même résultat. Mais ce ne sont pas les mathématiques qui expriment ces attentes, même si « il est essentiel aux mathématiques que l'on fasse également un usage *civil de leurs signes* » ; ce qui permet aux signes d'avoir « une signification mathématique ». C'est par cet usage extérieur que le jeu des signes devient mathématique (*RFM*, V, 2) C'est ainsi par exemple qu'« une signification est donnée à « 300 » par le calcul et que dans la phrase : « il y a 300 hommes dans ce collège », elle lui est donnée au sens où nous disons que « ceci est une chaise » donne une signification à « chaise ». De même « le nombre de ces choses est égal au nombre de celles-là » est une proposition d'expérience, alors que si on rajoute « par définition » à cette même proposition, elle devient mathématique (*CFM*, XXVI, 263). C'est une question de contexte et de jeux de langage.

Logique et mathématique

Étant donné que chaque langage est une activité qui fonctionne de manière autonome en rapport avec la forme de vie qui lui correspond, la question de l'inutilité et même de l'impossibilité de fonder les mathématiques se repose : « pourquoi faut-il un fondement aux mathématiques .... » et pas à la physique ? (*RFM*, VII, 16). Wittgenstein critique Russell à plusieurs reprises sur sa conception de la logique et de ses rapports avec les mathématiques ainsi que sa théorie des prédicats. La question du fondement logique des mathématiques revient souvent car pour lui, la logique comme les mathématiques sont deux langages différents régis de manière autonome par leurs propres règles. C'est ainsi que pour Wittgenstein, dans les *Principia*, Russell ne fait que traduire un langage dans un autre : « Que Russell ait relié les procédures mathématiques à la logique pourrait vouloir dire qu'il les a tout simplement traduites dans un nouveau langage. Mais c'est une source de confusion de croire que c'est une explication, comme si, en venant aux prédicats et aux fonctions prédicatives, nous voyions ce sur quoi les mathématiques portent vraiment » (*CFM*, XXVIII, 286). Notre calcul est indépendant « de la logique de Russell » (*CFM*, XXX, 303). Toutefois, Wittgenstein précise que sa critique renouvelée de Russell est une critique de l'*extérieur* car son but n'est pas d'attaquer sa logique « d'un point de vue mathématique », sinon il ferait des mathématiques, mais de s'en prendre à sa position et sa fonction. (*CFM*, VII, 19).

Les mathématiques ne sont finalement pas au-dessus des autres types de langage et ne bénéficient pas de la place privilégiée à laquelle on aurait pu s'attendre, à la mesure du rôle qu'elles ont joué dans l'évolution de la conception wittgensteinienne du langage. Ainsi, les écrits de Wittgenstein sur les mathématiques ont montré que leur langage n'est pas parfait et qu'un usage fallacieux et erroné peut en être fait. Par ailleurs, la non-contradiction qui ne se révèle que dans la pratique ne peut constituer le critère de leur validité, c'est la grammaire d'usage qui contrôle les emplois différents que nous pouvons en faire et ce, à l'instar de tout langage. Par ces conclusions, Wittgenstein se mit à dos les mathématiciens de l'époque, comme il le fit avec ses contemporains philosophes, malgré l'admiration qu'ils lui portèrent. En effet, à l'affirmation de Hilbert selon laquelle « nul ne nous chassera du paradis que Cantor a créé », il réplique qu'il ne songe nullement à en chasser quiconque mais plutôt à montrer que ce n'est pas un paradis, en leur recommandant un certain type de recherche (*CFM*, XI, 103) portant plus d'attention à l'usage qu'ils font du langage.

La philosophie des mathématiques de Wittgenstein montre la difficulté de séparer les thèmes traités les uns des autres et illustre son mode de réflexion en forme de spirale, puisqu'elle s'éloigne de son point de départ pour y revenir sans cesse avec davantage d'élucidations. En effet, Wittgenstein est parti de l'idée que le langage ordinaire n'est pas une représentation du réel, mais qu'il fonctionne comme le calcul, celui-ci fonctionnant à son tour comme un jeu. Ces deux analogies donnent le concept de jeu de langage. En approfondissant sa pensée, l'auteur explique qu'en fin de compte le calcul et le jeu fonctionnent comme notre langage, c'est-à-dire à l'intérieur de jeux de langage. Ce jeu d'aller-retour illustre bien la conception wittgensteinienne de la philosophie comme recherche incessante d'une mise en ordre des concepts.

LES ÉCRITS SUR LA PSYCHOLOGIE

Les *Recherches Philosophiques*, qu'on peut tenir pour un texte accompli de Wittgenstein, même si celui-ci ne le considérait peut-être pas comme tel, se rapportent, largement à des questions de philosophie de l'esprit ou de psychologie. D'après les éditeurs du philosophe, après en avoir achevé la première partie, Wittgenstein consigna entre 1946 et 1949 des remarques se rapportant uniquement à des concepts psychologiques. Par ailleurs, et en même temps, il dicta une sélection de remarques entre 1947 et 1948, dont une bonne partie fut malheureusement perdue. Toujours en quête de perfection, Wittgenstein opéra une autre sélection qui devint la seconde partie de *Recherches Philosophiques*.

Hormis les remarques consacrées à la philosophie de la psychologie, le philosophe garda dans un coffre une quantité de fiches, dont un bon nombre se rapporte également à la psychologie, et qui datent pour la plupart de 1945 à 1948. Certaines étaient agrafées par thème laissant penser qu'il avait probablement l'intention de les insérer dans d'autres écrits. Ces remarques seront publiées sous le titre de *Zettel* en 1967 et en 1970 (*Fiches*) pour la version française.

L'ensemble des remarques sur la psychologie est publié en deux tomes sous le titre de *Remarques sur la philosophie de la psychologie*, le premier tome rassemblant les écrits datant de 1946 et 1947 et le second les notes dictées probablement entre 1947 et 1948. Wittgenstein rassembla également lui-même ses derniers écrits sur la philosophie de la psychologie en deux tomes, le premier ayant été publié sous le titre d'*Études préparatoires à la seconde partie des Recherches Philosophiques*. Il s'agit des notes écrites entre 1948 et 1949 et qui suivent apparemment la seconde partie des *Remarques sur la philosophie de la psychologie*. Le second tome, sous le titre de *Intérieur et Extérieur*, rassemble des remarques de 1949 à 1951.

Manuscrits

<table>
<tr><td>1945</td><td>1946</td><td>1947</td><td>1948</td><td>1949</td><td>1950</td><td>1951</td></tr>
<tr><td colspan="6">Remarques consignées par Wittgenstein</td><td rowspan="5"></td></tr>
<tr><td></td><td></td><td colspan="2">Une Sélection dictée (en grande partie Perdue)</td><td>Un choix qui donnera la 2 e partie de RP</td><td rowspan="3"></td></tr>
<tr><td colspan="4">FICHES</td><td></td></tr>
<tr><td rowspan="2"></td><td rowspan="2"></td><td rowspan="2"></td><td colspan="2">Études Préparatoires aux RP</td></tr>
<tr><td></td><td colspan="3">Notes sur :
La certitude, Les couleurs,
Les Concepts psychologiques</td></tr>
</table>

ÉDITIONS

<table>
<tr><td>1945</td><td>1946</td><td>1947</td><td>1948</td><td>1949</td><td>1950</td><td>1951</td></tr>
<tr><td rowspan="4"></td><td colspan="2">Remarques
sur la philosophie
de la psychologie -I-</td><td></td><td rowspan="2"></td><td rowspan="2"></td><td rowspan="3"></td></tr>
<tr><td rowspan="3"></td><td colspan="2">Remarques
sur la philosophie
de la psychologie -II-</td></tr>
<tr><td rowspan="2"></td><td colspan="2">Études
prépréparatoires
aux RP</td><td></td></tr>
<tr><td></td><td rowspan="2"></td><td colspan="2">Intérieur
et Extérieur</td></tr>
<tr><td colspan="4">FICHES</td><td></td><td></td></tr>
</table>

Le travail des éditeurs de Wittgenstein mena à des ouvrages qui se chevauchent inévitablement, la plupart des remarques se retrouvant souvent littéralement dans différents textes. Dans ces conditions, la présentation individuelle de ces cinq ou même six ouvrages, si on compte les *Recherches Philosophiques* et en particulier la seconde partie, ne serait pas très judicieuse parce que forcément redondante. Nous avons alors opté pour une présentation des thèmes traités par Wittgenstein dans ses écrits sur la philosophie de la psychologie, et surtout de la manière dont il traite ces questions.

Intérieur et Extérieur

Après le *Tractatus*, Wittgenstein ne cesse de combattre notre manière de parler qui consiste à utiliser le langage uniformément, quel que soit l'objet dont nous parlons et quel que soit le contexte dans lequel nous parlons. Les problèmes que pose l'usage des concepts psychologiques sont amplifiés par le fait que les phénomènes mentaux et psychologiques tels que la douleur, la colère, la joie, le souvenir, la pensée … ont certainement un rapport avec leur manifestation physique. C'est souvent la manière de concevoir le rapport entre ces phénomènes et leur extériorisation ou manifestation qui porte à confusion. Comment communiquer une sensation interne par une expression physique ? Comment réussir à la communiquer ? En effet, si pour comprendre ces phénomènes, il fallait en éprouver les sensations correspondantes et les considérer comme étant des expériences, faudrait-il alors infliger une souffrance à quelqu'un pour lui apprendre le concept de souffrance ? Le souvenir d'un mal de dents consiste dans celui de sa souffrance, sans que ce soit pour autant une sorte « d'image affaiblie de la douleur », et non d'un comportement lié à la souffrance. De même qu'il « serait tout aussi incorrect d'expliquer le concept de compréhension de la signification par une expérience vécue de la signification que celui de réalité et d'irréalité par l'expérience vécue de l'irréalité ; ou le concept de présent de quelqu'un par un sentiment du présent. Autant vouloir expliquer ce qu'est le jeu d'échecs par un sentiment-du-jeu-d'échecs » (*RPP*, I, 155).

C'est le rapport entrc le psychique (interne) et le comportemental (externe) qui lui correspond en tant que manifestation ou extériorisation, qui revient à la question de savoir si les deux phénomènes se succèdent et surtout si chacun des deux domaines aurait un langage différent et séparé de l'autre, qui préoccupe le plus Wittgenstein. Il refuse à la fois que l'introspectionnisme ou le behaviorisme puissent permettre de comprendre ou d'exprimer, en s'en distinguant, les émotions et les états mentaux.

Étant donné que la tendance à vouloir séparer le mental du comportemental est due à notre usage d'expressions telle que « une pensée interne », il faut préciser ce qu'on entend par le qualificatif « interne ». Lorsque, par exemple, je dis que « moi seul connaît mes pensées », cela signifie que « je peux les décrire et les exprimer quand je veux ». Nos pensées et nos sensations sont privées dans le sens précis où je peux les « dissimuler » (*RPP*, I, 565, 570), mais cela ne signifie nullement que nos pensées sont logées quelque part dans notre tête. Nous avons montré dans la seconde partie que pour Wittgenstein, pensée et langage ne sont pas dissociables et que même si les pensées avaient un rapport avec le cerveau ou si la pensée y logeait quelque part, cela n'aurait de toutes les façons aucun intérêt pour la question qui le préoccupe, celle du sens et la communication.

De la même manière que les pensées ne se dissocient pas de leur expression, les sensations et les émotions ne sont pas séparées de leur manifestation (*RPP*, I, 801). En revanche, il est certain que quelqu'un peut très bien feindre la douleur et qu'il peut y avoir un décalage entre l'intérieur et l'extérieur, entre la pensée ou la sensation et ce qu'on extériorise ou exprime. En réalité, la simulation comme le mensonge sont aussi des jeux de langage qu'on ne peut pas jouer en dehors de certaines conditions.

Si les langages fonctionnent de la même manière, dans l'explication de ce qu'il entend par « jeux de langage », Wittgenstein insiste sur leur caractère plus ou moins complexe. C'est ainsi que l'emploi des verbes psychologiques n'est certainement « pas aussi clair, ni aussi facile à dominer que celui des termes de la dynamique (par exemple) » (*RPP*, II, 20) car le langage psychologique a affaire à des aspects de la vie humaine et ses concepts « sont tout bonnement ceux de la vie quotidienne » et ne sont pas forgés par la science « pour ses besoins propres » (*RPP*, II, 62). En effet, notre langage fonctionne grâce à un accord entre les hommes, mais l'accord au sujet de ce qui est rouge, par exemple, ne se fait pas de la même manière que celui sur ce qui est agréable, beau ou laid (*RPP*, I, 853), car les jeux de langage sont plus ou moins complexes, même s'ils fonctionnent tous de la même manière.

C'est le jeu de langage qui fait de l'expression « expérience vécue » celle d'une expérience vécue (*RPP*, I, 317). Le langage est social et les mots ne peuvent pas être quelque chose d'intime. Lorsque, par exemple, nous avons une représentation ou une image, celles-ci sont en rapport avec notre culture et notre société. C'est ainsi qu'on peut imaginer un tableau représentant Beethoven écrivant la cinquième symphonie, mais il serait « disconvenant et ridicule » d'imaginer Goethe en train de l'écrire (*RPP*, I, 338). Si la culture nécessaire à l'expression, à la représentation, à l'interprétation et à la compréhension manque, cela se traduit par ce que Wittgenstein appelle « un aveuglement » à la signification (*RPP*, I, 344) qui s'explique, comme on l'a vu, par un déficit social ou culturel.

Le fait que tout langage soit soumis aux règles de jeux de langage implique que le rapport nécessaire qui existe entre le comportement et les sensations internes n'est pas forcément toujours le même. C'est ainsi que la joie peut s'exprimer différemment, selon les situations ou l'éducation reçue, par des rires ou des cris ou une jubilation ou des sauts… Par ailleurs, l'expression corporelle d'une sensation n'est pas toujours claire comme dans les cas où l'on éprouve une grande fatigue dont la localisation n'est pas claire, ou que l'intensité des cris qui expriment une douleur n'est pas proportionnelle à la douleur (*RPP*, I, 696, 699).

La manière de comprendre le rapport entre le psychique et ses manifestations confirme la conception wittgensteinienne du langage sur trois points cruciaux :

1) Tout d'abord, en tant que philosophe, Wittgenstein s'intéresse au langage de la psychologie afin de montrer qu'il ne se différencie pas, comme le pensent certains philosophes et psychologues, du langage ordinaire, bien au contraire. La psychologie naissante donne la priorité soit au comportement, soit à l'introspection pour comprendre les pensées et les émotions. Wittgenstein critique aussi bien James que Köhler, dont il reprend la

critique de l'introspection – « N'essaie pas d'analyser en toi-même le vécu » (*EP*, 548) – mais rejette la conception de la signification, car il ramène tous les termes « à des observations contenues ou dérivées de l'expérience directe ».

Le langage concernant les phénomènes psychologiques obéit à des règles qui n'ont rien de spécifique par rapport à celles régissant d'autres catégories de langage. Lorsqu'un enfant dit qu'il rêve, ce qui doit nous intéresser ce n'est pas comment il a appris le mot, mais plutôt l'usage qu'il en fait et la réponse à la question de savoir : « A quoi reconnaît-on qu'il l'emploie [le mot *rêve*] comme nous ? » (*RPP*, I, 376), exactement de la même façon qu'on n'apprend pas à un enfant que tel objet est rouge et que « l'élève doit le dire spontanément, une fois qu'il a appris ce que c'est que rouge, c'est-à-dire une fois qu'il a appris la technique de l'utilisation de ce mot » (*F*, 418). L'apprentissage est à la base de tout. L'enfant apprend à nommer rouge ce qui est rouge et « il apprend à appeler « rouge » ce que *nous aussi* appelons « rouge » » parce que le jeu de langage ne peut s'instaurer que s'il y a consensus (*F*, 430). Regarder un objet de couleur rouge ne signifie pas que nous avons en nous le concept de couleur, pas plus que nous possédons « le concept de nombre négatif » parce que nous avons des dettes (*F*, 332). Une couleur n'est pas une représentation, nous n'apprenons pas à mettre une couleur sur un objet mais à utiliser « rouge » comme nous l'avons appris avec les autres dans différentes situations et différents usages du mot, y compris les usages indirects et métaphoriques.

2) Cet alignement du langage de la psychologie sur notre langage ordinaire, permet à Wittgenstein dans ses œuvres sur la psychologie de mettre l'accent

sur l'indivision du psychique et du comportemental. Il s'intéresse au langage psychologique de la même manière qu'il le fait pour le langage en général. Il insiste sur l'idée qu'il n'y a rien derrière les mots, que ceux-ci sont ce qu'ils signifient dans l'usage qu'on en fait. Il n'y a rien qui flotte dans mon esprit à côté des mots sur le vécu, de la même manière que regarder un objet familier ne s'accompagne pas d'une reconnaissance (*RPP*, I, 166).

Notre langage « coule tout seul » et ce n'est que dans le flux de la vie qu'un mot a sa signification » (*RPP*, I, 240 et *IE*, 46). « Lorsqu'on apprend à employer le mot « souffrance », cela ne se produit pas du fait qu'on devinerait pour lequel des processus internes qui accompagnent, par exemple, une chute, il est employé » (*RPP*, I, 305). Wittgenstein éloigne toute considération du langage sur la psychologie des considérations autre que la grammaire. Il est « impossible de déchiffrer (*ablesen*) le processus de pensée sur le processus cérébral » et « si cela heurte notre conception de la causalité, alors il est grand temps qu'elle soit heurtée » (*RPP*, I, 905).

Ainsi, non seulement la psychologie n'est d'aucun secours pour soigner les maladies du langage psychologique, mais le philosophe ne semble avoir aucune confiance en cette discipline car elle ne doit pas la situation dans laquelle elle se trouve au fait qu'elle ne serait qu'à ses débuts; état qui l'aurait rendue comparable à celui de la physique à l'époque de ses débuts (*RPP*, I, 1039). En réalité, il y a trop de confusions conceptuelles en psychologie (*RPP*, I, 949). Pourrait-on savoir par exemple que tel mouvement est volontaire ou que je fais un effort? « Je ne le sais pas, je le dis » (*RPP*, I, 851, 852). Certaines questions n'ont aucun intérêt philosophique, si on les pose en termes d'objets, comme celle qui consiste à distinguer une action volontaire d'une autre involontaire. Ce n'est pas une question de savoir, je ne peux pas dire comment je sais que mon action est volontaire, je le dis, je l'exprime (*F*, 600).

Ce qui intéresse Wittgenstein n'est pas de savoir d'où viennent nos expressions ou les analogies que nous faisons lorsque nous parlons, comme lorsque nous associons la lumière à la joie. Cette analogie « existe, cela suffit » (*RPP*, I, 853), elle est là et nous apprenons à en faire usage. Ce qui vaut également pour d'autres types de langage tel que ce qu'il appelle « l'élément musical du langage » : le ton, un soupir, les gestes…. IL ne faut pas perdre de vue que le propos de Wittgenstein concerne la philosophie et non la psychologie. Il met toujours en œuvre une conception qui prend le langage comme jamais figé et sujet à plusieurs interprétations, et qui mène ainsi à une distinction entre la science et la philosophie. La séparation entre la philosophie et la science est clairement consommée et Wittgenstein effectue ce pas en élargissant le champ de son intérêt pour le langage, par-delà l'intérêt que la philosophie, que ce soit avec Russell, lui-même ou les néopositivistes, avait porté au langage de la science ou encore au fondement logique des mathématiques.

Pour comprendre, il ne suffit plus de maîtriser la structure du langage, « il faut dominer les parentés et les différences entre les concepts » (*RPP*, I, 1054) c'est-à-dire ne pas rester attaché au mode avec lequel nous apprenons le langage empirique : « Étonnant, singulier, est tout usage de la langue, quand on reste pris dans la façon de voir qui est celle des descriptions d'objets physiques » (*RPP*, I, 1137). Si je dis « j'ai peur », cette expression peut signifier une description de mon état, une information sur mon état ou une explication de ma façon d'agir, auquel cas, elle pourrait être prononcée sans effroi et même avec le sourire. Tout dépend du contexte dans lequel ces mots sont prononcés et de l'intention dans laquelle ils le sont (*EP*, 50). La compréhension de cette intention et donc de la signification se fait naturellement. Il ne faut pas perdre de vue que les règles régissent notre langage et les formes de vie ou contextes qui lui sont liés.

3) Ceci met l'accent sur le troisième point concernant la multiplicité du langage que Wittgenstein exprime d'une manière plus directe que dans ses œuvres précédentes : « ne va pas penser que nos concepts sont les seuls possibles ou les seuls rationnels… » (*RPP*, I, 643). Il est important de noter que les ressemblances de famille concernent non seulement les différents usages des signes du langage mais aussi les différents jeux de langage qui se recoupent et s'entrecroisent. Il n'est ainsi nullement question d'un relativisme grossier, puisque tout est régulé par l'intermédiaire des jeux de langage.

Théorie des aspects

La théorie des aspects permet d'expliquer la multiplicité des significations dans le langage de la psychologie, langage beaucoup plus complexe que celui portant sur les objets; et cela à partir de l'image du canard-lapin (la figure canard-lapin de Jastrow) ou la reprise d'exemples donnés par Köhler. En effet, c'est lorsque l'on voit une chose différemment que l'on prend conscience de l'aspect. « L'expérience vécue de l'aspect s'exprime *ainsi* : "*maintenant* c'est …" » (*EP*, 171). Wittgenstein fait une distinction intéressante entre *le voir* et *le voir comme*. Certains « voir comme » exigent une puissance d'imagination, comme lorsqu'on voit un triangle comme la moitié d'un parallélogramme. On peut voir une chose tantôt comme ceci et tantôt comme cela, car « si un genre de vie sert de fondement à l'emploi d'un mot, alors il faut qu'il y ait en celui-ci une certaine indéterminité (*Unbestimmtheit*). Un genre de vie n'est en effet pas d'une régularité parfaite » (*EP*, 211). Nos concepts sont élastiques, les comportements ne sont pas prévisibles ou calculables ; ils dépendent des contextes et on n'en demande pas les causes. Comment, par exemple, détecter la sincérité d'un comportement ? Le mensonge et la dissimulation répondent à une intention qui ne peut donc se situer hors contexte. Par conséquent, on fait toujours tacitement des suppositions et c'est la finalité de ce que l'on fait et dit, laquelle finalité n'est pas détachée de son contexte, qui permet de distinguer les différentes significations (*EP*, 385), y compris la dissimulation ou la feinte. On vit la signification des mots, sinon « comment pourrait-on rire des jeux de mots ? » (*EP*, 711). « Ce n'est que dans le cours de la vie que les mots ont leur signification » (*EP*, 913) ; ce qui explique qu'on puisse être aveugle à certains aspects, la cécité à l'aspect étant comparable à l'absence d'oreille absolue. Ce concept de « cécité à l'aspect » est important car il montre « la parenté entre la vue d'un aspect et l'expérience vécue de la signification d'un mot » (*EP*, 784). On peut être aveugle à un aspect comme on peut l'être à un usage et ne pas pouvoir passer d'un usage à l'autre.

Les psychologues et les philosophes ont le défaut, selon Wittgenstein, d'attribuer trop d'importance aux mots. « On court toujours le danger en philosophie de créer le mythe d'un symbolisme ou d'un processus de l'esprit. » (*F*, 211), alors qu'il suffit d'appliquer les règles de notre langage convenablement, même si la tâche de le montrer à partir d'exemples n'est pas simple (*F*, 452). Wittgenstein considère qu'il fait des calculs plutôt que des expériences de pensée (*F*, 520). « En donnant tous ces exemples, je ne tends pas vers je ne sais quelle complétude, vers une classification de tous les concepts psychologiques. Tout ce que je veux est rendre mon lecteur capable de se débrouiller dans les difficultés conceptuelles » (*F*, 687 et *RP*, XI), de démêler les nœuds de notre langage.

Démêler les nœuds de notre langage concerne tous les domaines de recherche et ne consiste nullement en une incursion dans lesdits domaines. Au contraire, la philosophie est une activité d'analyse non pas des faits mais du langage effectif. « Une recherche est possible à l'égard des mathématiques, tout à fait analogue à la recherche philosophique qui concerne la psychologie. Elle est tout aussi peu *mathématique* que l'autre n'est psychologique » (*E P*, 792).

Tout au long de sa réflexion, Wittgenstein essaie de montrer que l'usage correct de notre langage est simple à condition de pas se laisser abuser par les mots. « Les philosophes ont en réserve, pour nombre de mots, un usage idéal, qui par la suite ne sert à rien » (*EP*, 830), comme par exemple le fait d'affirmer ceci : "je sais que j'ai deux mains" comme si je pouvais en douter (*F*, 405). En effet, savoir revient à être convaincu. Que peut bien signifier alors être convaincu de ce dont on ne peut douter ? L'expression "je sais" devient complètement superflue, inutile car dépourvue d'un usage réel.

REMARQUES SUR LES COULEURS

Il n'est pas étonnant que le philosophe ait consacré un ouvrage (1950-1951) aux couleurs, celles-ci ayant une place de choix dans le développement de ses idées, dans la mesure où c'est en se référant à des propositions portant sur les couleurs dans les *Remarques Philosophiques* qu'il établit sa nouvelle conception de la proposition et son passage à une conception du langage comme système. Ce sont des exemples d'énoncés portant sur les couleurs qui montrent la nécessité de se défaire de l'atomisme logique à partir de l'idée que toute proposition de ce type en implique forcément d'autres et n'est jamais indépendante.

Il faut toutefois remarquer que dans le *Tractatus*, Wittgenstein relevait déjà que la structure des couleurs exclut la possibilité logique que deux couleurs « soient ensemble en un même lieu du champ visuel » (*TLP*, 6 3751). Mais ce n'est que dans les *Remarques philosophiques* que le philosophe exploite cette idée en en déduisant qu'aucun signe de notre langage n'est indépendant du système auquel il appartient, de la même manière que toute couleur est en liaison avec le système des couleurs. Le fait que Wittgenstein y revienne beaucoup plus tard et y consacre des remarques peut s'expliquer par son intérêt pour le langage de la psychologie et son désaccord avec la psychologie du comportement ainsi qu'avec la psychologie de la forme qu'il discute de façon plus ou moins ouverte, le livre de Köhler (deuxième édition en 1947) ayant été cité à plusieurs reprises.

Bien que l'espace et la couleur soient indépendants, Wittgenstein les relie, comme il l'avait déjà fait dans le *Tractatus*, où il écrit que « une tache dans le champ visuel n'a certes pas besoin d'être rouge, mais elle doit avoir une couleur » (*TLP*, 2 0131). Déjà dans cet ouvrage, les couleurs étaient traitées logiquement, deux questions se posant à leur sujet : *la première* concernant le rapport des couleurs avec l'espace et *la seconde* traitant des rapports entre les couleurs. En effet, selon la proposition 2 0131, tout point de l'espace a nécessairement une couleur et le même point visuel ne peut avoir deux couleurs différentes. Ces remarques demeurent d'actualité et Wittgenstein précise dans ses *Remarques sur les couleurs* que les parentés et oppositions entre les couleurs sont d'ordre logique, comme lorsqu'on dit que « le brun est apparenté au jaune » (*RC*, III, 46).

Ces deux questions sont logiques car elles font partie de ce qu'on entend par espace des couleurs. Celles-ci constituent un système dans lequel chaque couleur a sa place, des règles régulant les rapports entre elles. Wittgenstein maintient ce rôle déterminant de la logique en affirmant dans les *Remarques sur les couleurs* (*RC*, I, 22, 188) qu'il s'intéresse juste « à la logique des concepts des couleurs », laquelle s'acquitte du rôle qu'on a pu attribuer à une théorie des couleurs, qui serait physiologique ou psychologique. En fin de compte, « il y a une mathématique des couleurs » faisant que le blanc « ne peut être plus sombre que le bleu ou le rouge » (*RC*, III, 3, 2) et qu'il n'est pas possible de concevoir ce que serait « un blanc transparent » (*RC*, I, 29) ou que l'on apprend qu'il n'y a pas de vert rougeâtre. C'est la grammaire qui interdit de le faire. Cette sorte d'hésitation entre grammaire et logique revient peut-être au fait qu'il n'y a pas de couleurs pures (*RC*, II, 72), d'autant qu'on ne peut les isoler ni de la lumière, ni de la transparence ou de l'espace. Ce ne sont pas « des choses qui auraient des propriétés définies » (*RC*, III, 127). Elles se rapportent à des substances comme lorsqu'on dit que la neige est blanche ou à des surfaces (cette table est brune) ou des éclairages (le rougeoiement du crépuscule) ou à des corps transparents…

Mais cette spécificité du langage sur les couleurs n'empêche pas Wittgenstein de s'attacher à montrer que la dénomination des couleurs est une question de jeux de langage et ce, à partir de l'exemple de ce qu'on peut appeler une couleur claire, eu égard à l'apprentissage qu'on en fait. C'est ainsi qu'un morceau de papier demeure blanc même si « placé contre de la neige, il [paraît] alors gris » (*RC*, I, 5), parce que notre jeu de langage l'a décidé en quelque sorte et que nous avons appris dans ce qu'il appelle le jeu normal que la neige est blanche. Le concept de « blanc » se forge peu à peu par les différents usages que nous en faisons, dont l'expression « blanc comme neige », qu'un peuple qui ne connaît pas la neige peut ne pas utiliser.

Les couleurs constituent, un jeu, un système comme celui des nombres. C'est ainsi que pour « A est vert », la proposition « A n'est pas rouge » n'est, pour ainsi dire, pas une autre proposition mais la même sur une autre forme car le système des couleurs fait que si A est vert, il n'est ni rouge, ni bleu … D'ailleurs, Wittgenstein imagine très bien la possibilité que d'autres personnes puissent avoir un autre système de couleurs ou imaginer d'autres rapports entre elles. Il n'y a aucun critère général permettant de reconnaître les couleurs (*RC*, I, 14). En d'autres termes, « tout écart par rapport à la norme ne constitue pas une cécité ou un défaut » mais simplement des « concepts de couleurs [qui] s'écartent des nôtres ». Wittgenstein rappelle ce que Runge écrivit à Goethe, à savoir que « si l'on voulait se représenter un orange tirant sur le bleu, un vert tirant sur le rouge ou un violet tirant sur le jaune, cela nous ferait la même impression qu'un vent du nord venant du sud-ouest.... » (*RC*, I, 21 et III, 94). C'est juste une question d'apprentissage et de consensus culturel ou social, faisant qu'on peut parler d'un bleu tirant sur le rouge mais non d'un vert tirant sur le rouge ou que le blanc ne peut pas être plus sombre que le bleu ou le rouge.

Ceci est un fait dans notre jeu et il n'est pas utile de chercher, comme le fait Köhler, à comprendre comment, par exemple, l'impression du blanc est produite (*RC*, I, 39). La question reste la même : quelle est la signification de telle ou telle expression, comme dire qu'un « gris est incandescent » ou que le gris n'est pas une couleur lumineuse ou qu'il est une couleur neutre (*RC*, III, 80, 81). Le fait qu'on ne puisse pas s'imaginer « un gris ardent » « ne relève pas de la psychologie de la couleur » (*RC*, III, 222), qui ne nous aide pas à comprendre la signification des énoncés sur les couleurs. « Ce n'est pas le psychologue qui apprend l'usage du mot "voir" » (*RC*, III, 337). Il ne peut que dire que quelqu'un qui voit se comporte de telle ou telle manière en telles circonstances (*RC*, I, 88).

La signification des noms de couleurs ne fait pas appel à « l'apparition d'une image devant l'œil intérieur » (*RC*, III, 27) et les concepts des couleurs sont utilisés de la même manière que ceux sur les sense data. Tout est une question d'usage, c'est-à-dire que "le pur concept de couleur, cela n'existe pas" (*RC*, III, 71-73). Il ne suffit pas de regarder pour apprendre les couleurs. Comme il le dit depuis les années trente, « c'est la praxis qui donne leur sens aux mots » (*RC*, II, 317). Expliquer ce qu'est une couleur en la montrant peut porter à confusion, l'apprentissage des couleurs ne peut se faire de manière ostensive comme c'est le cas, d'ailleurs, pour n'importe quel nom d'objet. On n'apprend pas la couleur mais la grammaire des couleurs, à savoir que le vert par exemple ne peut être rougeâtre ou le blanc transparent ou que deux couleurs puissent se trouver au même endroit. Ce n'est pas une question de vision et une personne non voyante utilise bien le langage des couleurs. « N'allez pas croire que vous avez en vous le concept de couleur parce que vous regardez un objet coloré… » (*F*, 332). Par conséquent et contrairement à la psychologie « qui relie le vécu à quelque chose de physique », il relie « le vécu au vécu » (*RC*, III, 234), sans que ce soit pour autant une phénoménologie mais une grammaire. La psychologie reste pour Wittgenstein une discipline aux contours flous. Il est vrai qu'on peut utiliser certains qualificatifs pour dire qu'une couleur est saturée ou une autre « sale » et que ces distinctions sont d'ordre psychologique; mais elles restent d'ordre culturel et s'acquièrent par la pratique contextuelle du langage. (*RC*, III, 211). Le philosophe accorde beaucoup d'importance à l'accord entre les hommes. Si le désaccord n'était pas l'exception, « notre concept de couleur n'existerait pas » (*F*, 351).

Les couleurs constituent un système dont les règles sont arbitraires et ne peuvent être justifiées, telle que, par exemple, celle qui énonce qu'il y a quatre couleurs primaires (*F*, 331, 357), dont les relations sont représentées dans l'octaèdre à partir des quatre angles (rouge, jaune, vert et bleu). Ces couleurs ont des affinités qui les rapprochent ou au contraire une sorte d'opposition entre elles, ces relations entre les couleurs sont logiques (*RC*, III, 46). Toutefois, bien que nous ayons formé des concepts de couleurs pures, nous sommes dans notre quotidien confrontés à des couleurs impures, toujours en rapport avec l'espace.

RECHERCHES PHILOSOPHIQUES

Cet ouvrage n'est pas le dernier de Wittgenstein, mais il est souvent considéré comme tel car avec le *Tractatus* ils constituent les deux écrits les plus importants, et ce, pour au moins deux raisons. D'abord, parce que Wittgenstein voulait le publier, même si, comme à l'accoutumée, il n'en était peut-être pas encore satisfait, et probablement qu'il ne l'aurait jamais été ; ensuite, parce qu'il voulait le faire avec le *Tractatus*, comme si ce dernier représentait le point de départ de sa pensée et les *Recherches* son point d'aboutissement.

En effet, dans la préface de son livre, Wittgenstein écrit que cet ouvrage est le fruit de ses recherches philosophiques des seize dernières années et qu'il souhaite le publier avec le *Tractatus* car après l'avoir relu, dit-il, « il m'est apparu soudain que je devais publier ces anciennes pensées en même temps que les nouvelles, car ces dernières ne pourraient être placées sous leur vrai jour que sur le fond de mon ancienne manière de penser et par contraste avec elles ».

Étant donné qu'on ne peut plus penser aujourd'hui la philosophie de Wittgenstein en termes de deux parties séparées, le terme « contraste » ne peut être compris dans le sens d'opposition. Il serait plus justifié de le comprendre comme on pourrait le faire dans le contexte d'un langage sur deux couleurs différentes qui contrastent dans le sens où chacune fait ressortir l'autre. Les deux ouvrages s'éclairent mutuellement.

Lorsqu'on lit les *Recherches Philosophiques* pour la première fois, on est, pour le moins qu'on puisse dire, déconcerté par le style de l'ouvrage. Effectivement, ce livre traite de thèmes très variés, tels que la signification, le sens et la compréhension de la proposition, de logique … donc de thèmes déjà traités dans le *Tractatus*, mais aussi des fondements des mathématiques, et surtout des états de conscience, de l'esprit, de la mémoire, de l'intention, de la volonté … Il peut paraître que ces thèmes n'ont pas de liens entre eux et Wittgenstein qualifie, d'ailleurs lui-même son manuscrit d'« esquisses de paysages nées de ces longs parcours compliqués », ce livre n'étant « en réalité qu'un album ». Toutefois, il fait remarquer en même temps que ce qu'il pouvait écrire de meilleur ne pouvait consister en autre chose que des remarques. Par conséquent, même si celles-ci peuvent être considérées comme décousues, ce style d'écriture ne pourrait être une incapacité ou un échec. Si Wittgenstein déclare ceci : « j'aurais volontiers produit un bon livre. Le sort en a décidé autrement; *et le temps est révolu qui m'aurait permis de l'améliorer* ». Peut-être voulait-il améliorer son style synoptique, sa méthode consistant à revenir sans cesse sur ce qui était déjà écrit, les parcours n'étant jamais aboutis et achevés. Il aurait peut-être aimé que ses remarques soient « meilleures », « plus fortes et plus précises ».

Tout d'abord, il serait opportun de comprendre ce qu'il entendait par « album » et « esquisses ». Ne serait-ce pas un style d'écriture, une forme qui convient à un contenu? Le terme « esquisse » reste quand même énigmatique, une esquisse étant par définition l'ébauche d'un travail inachevé. Un album rassemble des objets qui ont certains points en commun leur permettant d'être exposés ensemble, comme, par exemple, une suite de photos qui sont placées côte à côte et que, généralement, on classe par catégories choisies. Effectivement, si on considère qu'un livre fait en sorte que « les pensées progressent d'un objet à l'autre en une suite naturelle et sans lacune », Wittgenstein a apparemment échoué à réaliser un livre dans ce sens. Mais ce n'est pas le cas, car il n'a jamais pensé que la forme systématique serait la meilleure forme. En effet, s'il ne réussit pas à donner une forme linéaire à ses pensées, c'est parce qu'il avait le sentiment que ses pensées « se paralysaient » dès qu'il les « forçait » à aller dans une seule direction. Par conséquent les *Recherches Philosophiques* ne pouvaient pas avoir une forme différente, en tous les cas pas celle de la forme classique d'un livre.

Les *Recherches Philosophiques* sont composées de deux parties inégales, la seconde, beaucoup plus restreinte traite clairement de psychologie. Nous présenterons d'abord la première partie, composée de remarques numérotées, qui, selon l'expression de Wittgenstein dans la préface, passent « brusquement d'un domaine à l'autre ». Il est vrai qu'il est difficile de diviser le texte selon des thèmes différents, non pas à cause de la disparité des thèmes traités mais, au contraire, parce que la division de ce texte en parties semble artificielle, les différents thèmes et concepts étant liés d'une manière tellement étroite, qu'on se trouve, non pas devant, mais dans une espèce d'étendue qu'on ne peut sectionner.

Donc, si les *Recherches Philosophiques* n'ont, certes, pas la forme classique et attendue d'un livre, cela ne signifie pas que la pensée de l'auteur n'y soit pas argumentée et très suivie. En effet, il est aisé d'y relever un sujet, une méthode et un style profondément philosophique. D'ailleurs, on peut très bien retracer le cheminement de la pensée de Wittgenstein et on peut y déceler un plan.

Conformément à sa conception de la philosophie, cette méthode d'écriture contraste avec toute théorie. C'est pourquoi Wittgenstein remarque lui-même que la difficulté de son livre n'est pas d'ordre théorique, mais concerne plutôt « un changement d'attitude ». Ses réflexions sont d'ordre grammatical et sa méthode permet de détecter les problèmes et les confusions de notre langage afin d'y remédier, grâce à un usage correct du langage. Cette grammaire ne concerne pas le langage en tant que système de mots, mais le langage en pratique. C'est ce qui explique que sa méthode consiste à imaginer ou à exposer des situations et à s'interroger sur la manière d'apprendre l'usage des signes. Il applique vraiment la méthode qu'il avait commencé à définir dans le *Cahier Bleu.*

Wittgenstein est tout à fait conscient de la frustration que sa méthode peut provoquer, mais en réalité ce que certains risquent de regretter n'est en fait rien de bien « solide » (*RP*, 118). C'est surtout dans les *Remarques Mêlées* que nous pouvons lire des attaques assez violentes et même parfois assez méprisantes vis-à-vis de la philosophie en tant que doctrine. Comme il l'a toujours pensé, la première erreur consiste à vouloir adopter en philosophie la même méthode qu'en science, c'est-à-dire traiter les questions philosophiques comme si elles portaient sur des objets. Or, Wittgenstein a bien montré depuis 1930 que les mots ne renvoient pas à des objets, mais qu'ils ont des usages différents qu'on ne peut qu'exposer, l'air de famille qu'ils partagent faisant naturellement le reste pour former nos concepts.

Plan des Recherches Philosophiques

Comment ce texte écrit dans un style qui peut paraître ne pas s'apprêter à la philosophie peut-il être un texte suivi et argumenté ?

Plusieurs commentateurs n'ont pas manqué d'y trouver un plan et une articulation entre les différentes parties. Effectivement, les 693 paragraphes de la première partie des *Recherches Philosophiques* peuvent être divisés en chapitres et en sous chapitres. Nous ne mentionnons pas les subdivisions, ce qui serait fastidieux et inutile dans ce cadre, mais seulement les grandes sections pour montrer, sans l'expliquer davantage (voir notre seconde partie), que ce texte est vraiment une synthèse suivie de la pensée de l'auteur.

Les premiers trente-huit paragraphes font office non pas d'une introduction classique, mais d'une sorte de résumé de la conception wittgensteinienne du langage et de son fonctionnement, comme si l'auteur annonçait son point de départ et rappelait ce qui est désormais acquis.

Il critique la conception représentationnelle du langage, laquelle considère que chaque mot utilisé renvoie à un objet spécifique, qui serait son objet. Il est à noter que cette critique ne signifie pas une coupure par rapport au *Tractatus*, sachant que cette conception n'a jamais été la sienne telle quelle. Il montre à partir de l'exemple très simple d'un langage rudimentaire qui se tient entre deux personnes, que la signification s'inscrit dans une forme de vie sociale, qui fait qu'elle est reliée à une activité. Ce qui lui permet de dire déjà que la signification est l'usage que nous faisons des signes du langage dans des situations déterminées. Par conséquent, le rôle essentiel du langage n'est pas de représenter le réel, mais de permettre la communication dans différentes situations.

Ces usages différents appartiennent à des jeux de langage différents. Ces paragraphes introductifs résument en quelque sorte l'essentiel des résultats des réflexions du philosophe durant les années post-*Tractatus*.

Par l'exemple du maçon et de l'ouvrier par lequel débute cette introduction (*RP*, 2) Wittgenstein lance en quelque sorte les bases de l'ouvrage, à savoir que les éléments extralinguistiques sont beaucoup plus importants pour le bon fonctionnement de notre langage que le langage lui-même. Il rappelle au lecteur que sa conception du sens n'est pas représentationnelle, celle-ci étant liée à l'atomisme logique, duquel il prend ses distances. D'ailleurs les remarques suivantes, de 39 à 133, remettent en question la notion de *simple* et la méthode de l'analyse. Cette remise en question marque un tournant important dans la philosophie analytique en général, puisque Wittgenstein refuse l'analyse comme méthode de clarification, le langage n'étant plus nécessairement analysé selon les règles de la logique. Le langage obéit aux règles de la grammaire qui régulent les différents usages que nous pouvons en faire et ce sont les confusions entre les différents usages qui engendrent les problèmes philosophiques. C'est en ce sens qu'est définie la philosophie comme thérapie dont le but est de dissoudre ces confusions, simples malentendus qui seront écartés « dès que les règles selon lesquelles nous souhaitons faire usage des mots » seront clarifiées (*GP*, 32).

Les remarques 134 à 242 répondent à la question de savoir ce qu'est la signification en rapport avec les jeux et l'application régulière et répétée des règles. Wittgenstein utilise d'ailleurs, souvent le terme de *coutume* et d'*habitude*, d'où la mise en œuvre d'un arrière-plan et d'acquis nécessaires à la communication.

Les remarques 243 à 465 s'intéressent justement à la question de l'apprentissage des règles et de leurs applications et posent la question du langage privé, qui ne peut être qu'une contradiction dans les termes (le langage étant public). C'est le rapport de la pensée avec le langage qui montre que rien ne peut être vraiment privé. Plusieurs exemples pour étayer la thèse seront proposés dans cette partie particulièrement consistante du livre. Wittgenstein y traite en particulier de l'intention. Étant donné qu'une intention sans réalisation n'en est pas une, dans les paragraphes qui suivent, de 466 à 490, il aborde l'action, dans la mesure où toute communication s'établit grâce à un jeu de langage en rapport avec une forme de vie.

En effet, dans la partie qui suit, du paragraphe 491 à 570, Wittgenstein montre que le langage n'est pas une invention arbitraire, il n'est pas un système normatif qui serait fermé sur lui-même. C'est, par conséquent, la réaction au langage en tant que preuve de la compréhension du sens, qui l'intéresse. Il étudie ainsi le langage en situation réelle, et c'est la grammaire du sens, la grammaire profonde, qui permet de distinguer les différents usages effectifs du langage, d'une part, et de distinguer les usages corrects de ceux qui sont incorrects, d'autre part. À ce niveau, la question cruciale qu'il faut résoudre consiste à montrer comment les règles du langage sont arbitraires, alors que le langage est lié à des situations réelles qui ne sont pas identiques. La réponse se trouve dans le fait que les applications des règles de notre langage ne sont pas arbitraires. Le fonctionnement du langage est expliqué à l'aide d'arguments mettant en œuvre l'indissociabilité de la pensée, de l'intention, de l'action qui se greffent sur le langage, lequel devient clairement l'institution à laquelle tous nos états et actions s'ordonnent.

La dernière partie du texte, à partir de la remarque 571 jusqu'à la fin, semble en rupture avec ce qui précède. Wittgenstein y traite des états mentaux et ce, en trois étapes : la volonté (611-628), l'action intentionnelle dans son aspect logique et l'action intentionnelle dans son aspect mental (629-660 et 661-693). En réalité, cette partie semble synthétiser et tirer des conclusions plus théoriques de ce qui a précédé, en se concentrant en particulier sur l'intention.

La méthode de Wittgenstein

Revenons à la méthode d'écriture de Wittgenstein. La lecture des *Recherches Philosophiques*, ainsi que celle de tous les textes post-*Tractatus*, d'ailleurs, nous donnent une impression de répétition de phrases ou même de paragraphes entiers. En réalité, il ne s'agit pas de répétitions, mais le philosophe revient à une idée devenue plus claire grâce aux élucidations effectuées après sa première formulation. Donc aucun usage d'un concept ne peut être une copie de l'autre et il est possible, comme l'ont montré des éditeurs, d'établir un glossaire avec les différents emplacements de passages qui se répètent. Il parle de changement d'atmosphère. C'est comme un album de photos où on peut voir des images comme étant identiques, alors qu'elles ne le sont pas tout à fait. Cet ouvrage est vraiment une concrétisation de la conception wittgensteinienne de la philosophie comme « présentation d'ensemble » ou « vue synoptique ».

Par ailleurs, la lecture des *Recherches Philosophiques* est l'illustration d'une véritable lecture interactive ; le lecteur est engagé dans une discussion dans laquelle il est souvent difficile de distinguer le point de vue de Wittgenstein, d'autant que les remarques de l'auteur prennent à l'occasion la forme de questions qui demeurent sans réponse. L'activité philosophique consiste non pas à résoudre des problèmes, comme le ferait un homme de science, mais plutôt à montrer au lecteur que ces problèmes sont juste des problèmes de langage. C'est ce qui explique aussi qu'on ne peut lire les nombreuses discussions qui constituent l'ouvrage comme une confrontation classique entre deux thèses, car l'auteur se pose en modérateur opposant les arguments de l'une à ceux de l'autre, avec le sentiment qu'aucune des deux ne porte la solution au problème en question. Le philosophe n'apporte tout simplement pas de solutions, d'où l'usage du terme « esquisse », qui est l'esquisse d'un travail dont le lecteur devra s'acquitter.

Wittgenstein revendique même de ne rien donner d'autre que des « esquisses de paysage » qui ne représentent que de simples flashs qui éclairent et guident. Ne termine-t-il pas sa préface aux *Recherches Philosophiques* en disant ceci : « je souhaiterais que ce que j'ai écrit ici ne dispense pas les autres de penser, mais au contraire incite, si possible, tel ou tel à développer des pensées personnelles » ?

La philosophie n'a jamais été, pour Wittgenstein, connaissance ou doctrine de quelque nature que ce soit. Dès le *Tractatus*, elle est une activité d'élucidation qui devient thérapie libératrice des confusions. Ce concept de thérapie est très intéressant car une thérapie consiste en un long processus de travail sur soi, dont le but est de découvrir la nature du problème afin de s'en débarrasser. Si les problèmes de philosophie sont simples, en guérir ne l'est pas. On se guérit seul, en étant juste accompagné.

Ainsi, même si Wittgenstein s'est contenté « d'établir des remarques » et même s'il n'a pas pu donner à son livre la forme d'un livre achevé dans le sens classique, il est aisé d'y relever un sujet, une méthode, un style profondément philosophiques et surtout fortement pédagogiques permettant, non pas de suivre une argumentation de l'extérieur, mais d'en refaire le parcours.

La seconde partie des Recherches Philosophiques

La seconde partie des *Recherches philosophiques*, comme nous l'avons dit, concerne la philosophie de la psychologie, dont elle peut être considérée comme un concentré. L'auteur y insiste sur ce qu'il appelle « la désintégration du sens » qui résulte de l'interversion des significations quand on ne tient pas compte du fait que le langage sur les sensations, les sentiments, les états mentaux… reposent aussi sur des présuppositions tacites (*RP*, II, 256). Le recours à la théorie des aspects illustre bien le fonctionnement des différentes interprétations que nous pouvons faire des signes de notre langage. C'est ainsi que le verbe « voir » a deux significations, la première concerne l'usage simple qui consiste à voir ceci ou cela et la seconde à remarquer un aspect. La même illustration peut donc être vue différemment. Interpréter consiste à « voir comme… » comme le montre « la tête L-C » (la figure canard-lapin de Jastrow). En effet, « un voir comme… » est toujours un changement d'aspect, c'est-à-dire qu'on voit ce qu'on n'avait pas vu au premier coup d'œil, de façon que pour Wittgenstein, « il semble que l'apparition soudaine de l'aspect soit à demi expérience visuelle et à demi pensée » (*RP*, II, 279). L'influence de la psychologie de la forme se situe dans l'idée que lorsque l'aspect change, cela signifie que les parties de l'image sont réorganisées autrement, d'une manière qu'on n'avait pas saisie auparavant (*RP*,

II, 294). S'agit-il d'interprétation, sachant qu'interpréter « c'est penser, c'est agir » (*RP*, II, 299) grâce à des « présupposés », une certaine pratique ..., alors que voir « est un état » qui ne requiert pas autre chose que la perception ? « Le voir comme » ne relève pas de la perception » (*RP*, II, 279) en ce sens que celui qui voit comme peut s'attendre à ce que ce qu'il voit ne soit pas conforme à ce qui est. Ce qui n'empêche pas que nous voyons ce que nous voyons comme ceci ou cela. Il faut rappeler que comme à l'accoutumée, Wittgenstein ne fait pas une théorie de la perception qui serait physiologique ou psychologique mais s'intéresse à l'usage des deux expressions : « je vois » et « je vois comme » desquelles nous apprenons plusieurs usages.

De la certitude

Depuis 1946 jusqu'à son dernier souffle, Wittgenstein entretint un intérêt constant pour la philosophie de la psychologie. Dans un de ses derniers écrits, il traite du langage se rapportant à la certitude et à la signification d'énoncés tel que « je sais ». Étant donné qu'un acquis éducationnel et culturel intervient de manière beaucoup plus évidente dans la question de la certitude, Wittgenstein précise ce qu'il avait appelé l'arrière-plan, qui se doit d'être commun aux personnes partageant le même jeu de langage, en mettant peut-être l'accent sur le caractère universel d'une base culturelle. Il a toujours insisté sur l'importance que revêtent la société et la communauté, auxquelles il faut s'adapter, car on ne choisit pas sa tradition, donc les règles à appliquer, de la même manière qu'on ne choisit pas ses ancêtres (*RM*, 1948, 90). Depuis le *Tractatus*, pour Wittgenstein, la disharmonie est source de problèmes et de malheur. *De la certitude* semble mettre en avant un arrière-plan commun à l'Humanité, profond et incontournable, en plus des arrières plans relatifs aux différents jeux de langage pouvant élargir le consensus et la communication et qui résident dans les résultats de la science qu'aucun être rationnel ne pourrait remettre en question.

En effet, l'énoncé « je sais… » est souvent mal utilisé car, on s'imagine que de « je sais qu'il en est ainsi », on peut inférer qu'« il en est ainsi ». Or, en réalité, « "je sais" veut souvent dire : "j'ai des raisons valables de dire ce que je dis" » (*DC*, 18), ce que l'interlocuteur ne peut comprendre que s'il connaît le jeu de langage dans lequel est prononcé cet énoncé. Pour dire qu'il en est ainsi, la certitude doit être établie objectivement de façon qu'on ne puisse la mettre en doute. Dans les dernières lignes qu'il a rédigées, Wittgenstein défend le caractère non plus uniquement social de l'Homme mais quasi universel. Effectivement, certaines affirmations sont impossibles à mettre en doute (dans des conditions normales). Les individus font partie de plusieurs groupements, formes de vie et communautés différentes, mais ils appartiennent aussi à la communauté du genre humain, doté d'une raison, laquelle ne peut mettre en doute certaines vérités.

Peut-on raisonnablement se poser la question de savoir si les objets qui nous entourent existent ou si tous nos calculs arithmétiques sont faux ou si la terre tourne ? … Ce genre d'hypothèses n'est pas envisageable pour Wittgenstein (*DC*, 55) et douter de tout est pour lui de l'ordre du dérangement mental (*DC*, 71, 73). En effet, nous sommes soumis à un système de référence, « dont dépend la vérité de nos propositions empiriques » (*DC*,

82, 83). Nous héritons d'une « toile de fond » qui nous permet de distinguer le vrai du faux et de ne pas douter de certaines choses. L'affirmation de Moore selon laquelle il sait que la terre a existé avant qu'il ne naisse n'a pas sa raison d'être. Wittgenstein a bien sûr expliqué déjà tout ceci à maintes reprises pour montrer la manière dont nos jeux de langage fonctionnent. La certitude ne peut être personnelle, individuelle. « À la place de "je sais ...", Moore n'aurait-il pas pu dire : "cela est solidement fixé pour moi..."? Ou même : "cela est solidement fixé pour moi et pour beaucoup d'autres" » (*DC*, 116). Nous apprenons des choses et c'est sur cette base que se construisent nos croyances. Ce que nous apprenons constitue « l'échafaudage de nos pensées » et « nos convictions forment bien un système, une structure » (*DC*, 102) communs et « hérités ».

Ce « nid de propositions », peut être modifié à un certain moment ou remplacé par d'autres (*DC*, 210-211). La certitude vient de ce que nous avons appris et acquis, elle devient quelque chose « d'animal » (*DC*, 358, 359), de spontané, d'apaisé selon son expression. Il s'agit d'une forme de vie (*DC*, 358).

La grammaire de l'expression « je sais » fait qu'elle ne peut impliquer la certitude, sinon, comment comprendre le fait que je puisse dire : « je croyais savoir » en cas d'erreur? Le savoir diffère de la croyance, qui ne peut être justifiée car elle est subjective. En revanche notre savoir peut être objectivement sûr lorsque la certitude est partagée. « "Nous en sommes tout à fait sûrs" ne signifie pas seulement que chacun, isolément, en est certain, mais aussi que nous appartenons à une communauté dont la science et l'éducation assurent le lien » (*DC*, 298). On peut tout à fait dire que pour Wittgenstein l'arrière-plan qui assure le sens et la communication est double : l'un est commun à l'Humanité et l'autre aux différentes formes de vie. Ce fond humain est assez nouveau dans la pensée de l'auteur, ce qui manifeste d'abord sa confiance dans la science, qu'on ne peut raisonnablement mettre en doute, et ce qui amoindrit ensuite la tendance à faire de l'auteur un relativiste. De la même manière que le jeu de langage permet la communication entre les individus dans une société donnée, il y a dans la multiplicité des jeux de langage la possibilité de communiquer également car « il y a des ressemblances entre des membres de familles différentes » (*RM.*, 24, 1931). Même si Wittgenstein ne développe pas beaucoup cette idée, on peut déceler les jalons de l'idée d'un minimum consensuel permettant une large communication.

Remarques mêlées

Nous terminerons cette présentation des œuvres du philosophe par les *Remarques Mêlées* car elles ont été rédigées entre 1914 et 1951, d'autant que selon G.H. Von Wright, exécuteur testamentaire de Wittgenstein, « on ne peut comprendre et apprécier correctement ces notations que sur fond de la philosophie de Wittgenstein » (préface). Les remarques sont classées simplement par date car toute tentative de les classer ou de les regrouper par thèmes est vouée à l'échec. En effet, elles sont vraiment mêlées sans lien les unes aux autres et Wittgenstein traite pêle-mêle d'art, de philosophie, de religion et même d'amour et d'humour. Étant donné que ces remarques couvrent toute la philosophie de Wittgenstein, on pourrait penser qu'elles nous éclairent sur le cheminement de l'auteur et l'évolution de sa pensée. Mais, ce n'est pas le cas car, en plus de leur dispersion, beaucoup trop de remarques sont énigmatiques – bien que les éditeurs en aient déjà éliminées un bon nombre – et les interpréter ne pourrait être que fantaisiste. Nous n'en donnerons qu'un seul exemple : la remarque datant de 1948, dans laquelle il écrit que les Européens ne comprendront jamais les Anglaises (*RM*, 88).

Pour présenter cet écrit, nous avons opté pour une synthèse des principaux thèmes traités : l'art, la religion, la spécificité juive et la philosophie.

– L'art est présent de part en part de l'ouvrage et les remarques qui s'y rapportent concernent aussi bien l'architecture que la poésie, le théâtre, le cinéma, tout en exprimant le penchant de Wittgenstein et sa passion pour la musique, « la plus raffinée des arts » (*RM*, 18), et ce, souvent avec des exemples très précis de connaisseur. Il rappelle que l'art est un langage qui s'accompagne de mouvements expressifs et que la musique, par exemple, n'exprime qu'elle-même, car il n'y a rien à chercher derrière tout langage (*RM*, 1947, 71) et pas seulement derrière la langue, le langage verbal n'étant « qu'un type de langage entre mille autres possibles » (*GP*, 51). Ces remarques sont importantes car elles impliquent que la langue n'est pas nécessaire à la pensée, d'autres langages pourraient bien remplir son rôle.

– Le thème de la religion, dont Wittgenstein ne parla pas beaucoup, excepté dans sa leçon sur la croyance (1938) ou par le biais de remarques isolées et éparses, a aussi son lot de remarques. Celles-ci sont assez dures et radicales, comme ce fut le cas pour ses remarques sur la philosophie comme doctrine. Il assimile en effet, la religion à une tyrannie car « la forme du dogme est celle de l'expression d'une affirmation à laquelle il n'y a rien à changer » (1937, 39). De façon générale, croire signifie se soumettre à une autorité, la foi chrétienne étant pour lui « le refuge dans la plus haute détresse » (*RM*, 48, 58, 1944) qui n'est d'aucune utilité car c'est plutôt sa vie qu'il aurait fallu changer (*RM*, 65, 1946). Ces réflexions confirment que le sentiment éthique et religieux, à la limite du maladif, de Wittgenstein n'a rien à voir avec une religion particulière ou avec l'église. C'est juste une forme de vie qui lui convient.

Adopter une religion revient à adopter un jeu de langage et l'activité qui lui est reliée. Dans les *Leçons sur la croyance religieuse*, il s'intéresse à la religion, laquelle n'est ni une doctrine ni une théorie, mais juste « la description d'un processus factuel dans la vie de l'homme ». Il refuse clairement la religion comme transcendant les individus et comme ayant un ascendant sur leurs opinions, car cette manière de concevoir la religion « infantilise » les individus et les isole. Le problème de la croyance religieuse consiste dans le fait que pour Wittgenstein « croire signifie se soumettre à une autorité » supérieure (*RM*, 57, 1944). Fidèle à son refus de toute soumission et de toute sclérose de la pensée, il écrit : « je ne puis me mettre à genoux pour prier, mes genoux étant pour ainsi dire raides. Je crains de me dissoudre si jamais je devenais mou » (*RM*, 68). Pour lui, la religion chrétienne, en l'occurrence, est un recours pour ceux qui sont en détresse (*RM*, 58, 1944) et qui se retrouvent dans une plus grande détresse. Ce qui explique son attitude presque méprisante à l'égard de la religion qui témoigne d'une certaine faiblesse faisant perdre à l'homme toute dignité (*RM*, 58). La religion est ainsi changée en « un système de référence » et la foi en « une sorte de décision passionnée » en sa faveur. Il s'agit d'une manière de vivre et nous sommes donc en présence d'un jeu de langage, dans lequel les mots ont des usages précis, que l'on acquiert par le biais de l'éducation. Les termes éthiques et religieux ne font pas exception au fait que « c'est la praxis qui donne aux mots leur sens » (*RM*, 101), quel que soit le langage auquel ils appartiennent. Dans ce cas, on pourrait effectivement « convaincre quelqu'un de l'existence de Dieu par une sorte d'éducation, c'est-à-dire en modelant sa vie de telle et telle manière ». Seule la vie peut « nous inculquer un tel concept » (*RM*, 101, 1950).

De façon inattendue, dans plusieurs remarques, Wittgenstein s'attache à préciser ce qu'il considère comme étant une particularité des Juifs. Il les distingue des Occidentaux, parce que certaines « mesures » ne leur conviennent pas, dit-il, faisant qu'ils sont « tantôt surestimés, tantôt sous-estimés ». Pour expliciter son point de vue, il établit une analogie, non moins obscure, avec les Grecs, selon laquelle « les penseurs grecs n'[ont] été ni des philosophes au sens occidental, ni des savants au sens occidental ; que les participants aux jeux olympiques n'aient pas été des sportifs et qu'ils ne se laissent ranger dans aucune discipline au sens occidental, cela est clair pour beaucoup. Mais il en va de même aussi des Juifs » (*RM*, 26, 1931). Ce qu'on peut relever en tous les cas, c'est que pour Wittgenstein, le Juif a un talent « reproductif » à partir de ce qui « a été donné par quelqu'un d'autre », comme cela fut le cas pour lui (*RM*, 29, 1931). Si « il est typique de l'esprit juif de comprendre l'œuvre d'un autre mieux que celui-ci ne le fait lui-même », le jugement de Wittgenstein n'est pas dépréciateur car « le Juif est une contrée, mais sous la mince couche de pierres on trouve des laves en fusion de l'esprit » (*RM*, 23, 1931). Ces remarques et ces pensées sont très énigmatiques et on ne pourrait que spéculer sur la biographie et la personnalité de leur auteur pour comprendre de tels propos.

Ses remarques sur la philosophie sont particulièrement sévères et ironiques. « La solution des problèmes philosophiques peut être comparée à ce présent dont parle un conte de fées, qui dans le château enchanté paraît magique, mais qui dehors, à la lumière du jour, se révèle n'être qu'un banal morceau de fer (ou quelque chose du même genre) » (*RM*, 21, 1931). Si la philosophie ne progresse pas et qu'on se pose les mêmes questions que Platon, ce n'est pas parce qu'il « était tellement intelligent », mais parce que « notre langue est demeurée identique à elle-même et qu'elle nous dévoie toujours vers les mêmes questions » (*RM*, 25, 1931). Pour résoudre des problèmes philosophiques et également tous nos problèmes de communication, il faudrait, pour Wittgenstein, changer notre manière de vivre (*RM*, 36, 1937) et donc de nous exprimer. Résoudre un problème en philosophie revient à "modifier les anciennes façons de penser" ; ne pas le faire revient à garder les problèmes sans solutions (*IE*, 107).

La philosophie est ainsi une activité thérapeutique qui soigne les maladies du langage en général, quel que soit son objet. Cette thérapie ne peut réussir que grâce à une méthode lente, minutieuse, précautionneuse et profonde, qui est plus précisément un recommencement incessant en une sorte de spirale qui avance et revient sur ses pas jusqu'à ce que nos concepts soient mieux aiguisés et plus clairs permettant ainsi de dissoudre les problèmes.

L'œuvre de Wittgenstein, qui englobe aussi bien le langage courant que les mathématiques, les couleurs, l'art, la religion, la psychologie…, confirme son refus de toute hiérarchie du langage. En effet, de la même manière que depuis le *Tractatus* il critique toute possibilité de fonder les mathématiques, il montre dans les écrits qui lui sont postérieurs que le bon fonctionnement de tout langage revient à l'application correcte et appropriée des règles qui le régissent. Il démystifie ainsi le langage, dont il ne s'agit pas de trouver l'origine ; il faut juste apprendre à pratiquer les jeux que nous trouvons (là comme notre vie) rattachés aux formes de vie que nous adoptons.

BIBLIOGRAPHIE

Il existe différentes éditions de l'œuvre complète de Ludwig Wittgenstein :

L'édition allemande de poche, Suhrkamp, Frankfurt am Main, qui se compose de huit tomes, publiés en 1989.

L'édition de Vienne (Wiener Ausgabe), Wien-New York Springer, sous la direction de Michael Nedo. Onze tomes ont été publiés entre1994 et 2000. Cette édition existe sous une forme luxueuse et une forme de poche.

The Bergen Electronic Edition : cinq CD-Rom édités par Oxford University Press entre 1998 et 2000.

La correspondance très abondante de Wittgenstein a été réunie :

Briefe, sous la dir. de B. Mc Guinness et G. H. von Wright, Tr. J. Schulte, Frankfurt am Main, Suhrkamp, 1980.

Public and Private Occasions, sous la dir. de J. C. Klagge et A. Nordmann, Lanham-Boulder-New York-Oxford, Rowman and Littlefield, 2003.

Briefwechsel. Innsbrucker elektronische Ausgabe, sous la dir. de M. von Seekircher, A. Unterkircher, et B. McGuinness, Charlottesville, Virginia, Intelex Past Masters, 2004.

Wittgenstein in Cambridge. Letters and Documents, 1911–1951, sous la dir. de B. McGuinness, Malden (Mass.), Blackwell, 2008.

WITTGENSTEIN L., *Denkbewebungen. Tagebücher 1930-1932/1936/ 1937*, sous la dir. de I. Somavilla, Innsbruck, Haymon, 1997.

WITTTGENSTEIN H, *Familienerrinerungen*, sous la dir. de I. Somavilla, Innsbruck-Wien, Haymon, 2015.

ŒUVRES DE LUDWIG WITTGENSTEIN TRADUITES EN FRANÇAIS

Tractatus logico-philosophicus, trad. fr. G.-G. Granger, Paris, Gallimard, 2001.

Quelques remarques sur la forme logique, trad. fr. E. Rigal, Paris, T.E.R., 1985.

Carnets1914-1916, trad. fr. G-G. Granger, Paris, Gallimard, 1971.

Remarques philosophiques, trad. fr. J. Fauve, Paris, Gallimard, Tel, 1975.

Wittgenstein et le Cercle de Vienne, trad. fr. G. Granel, Paris, T.E.R., 1991.

Dictées de Wittgenstein à Waismann et pour Schlick, A. Soulez (éd.), Paris, Vrin, 2015.

Grammaire Philosophique, trad. fr. M.-A. Lescourret, Paris, Gallimard, 1980.

Le Cahier Bleu et le Cahier Brun, trad. fr. G. Durand, Paris, Gallimard, 1965.

Leçons et Conversations suivies de Conférence sur l'éthique, trad. fr. J. Fauve, Paris, Idées-Gallimard, 1971.

Les cours de Cambridge 1930-1932, trad. fr. E. Rigal, Mauvezin, T.E.R., 1988.

Les cours de Cambridge 1932-1935, trad. fr. E. Rigal, Mauvezin, T.E.R., 1992.

Notes sur l'expérience privée, trad. fr. E. Rigal, Mauvezin, T.E.R., 1982, rééd. T.E.R., 1989.

Le langage des « sense data » et de l'expérience privée (Philosophica II), trad. fr. E. Rigal, Mauvezin, T.E.R., 1999.

Notes pour la « conférence philosophique » (Philosophica II), trad. fr. E. Rigal, Mauvezin, T.E.R., 1999.

Remarques sur les fondements des mathématiques, trad. fr. M.-A Lescourret. Paris, Gallimard, 1983.

Cours sur les fondements des mathématiques, trad. fr. E. Rigal, Mauvezin, T.E.R., 1995.

Leçons sur la liberté de la volonté, trad. fr. A. Soulez, Paris, P.U.F., 1998.

Remarques sur la philosophie de la psychologie I, trad. fr. G. Granel, Mauvezin, T.E.R., 1989.

Remarques sur la philosophie de la psychologie II, trad. fr. G. Granel, Mauvezin, T.E.R., 1994.

Fiches, trad. fr. J. Faure, Paris, Gallimard, 1970.

Études préparatoires à la seconde partie des Recherches Philosophiques, trad. fr. G. Granel, Mauvezin, T.E.R., 1985.

L'intérieur et l'extérieur, trad. fr. G. Granel, Mauvezin, T.E.R., 2000.

Remarques sur les couleurs, trad. fr. E. Rigal, Mauvezin, T.E.R., 1983, rééd. T.E.R., 1984.

Recherches philosophiques, trad. fr. F. Dastur, Paris, Gallimard, 2004.

De la certitude, trad. fr. D. Moyal-Sharrock, Paris, Gallimard, 2006.

Remarques mêlées, trad. fr. G. Granel, Mauvezin, T.E.R., 1984.

Carnets secrets, trad. fr. J-.P. Cometti, Tours, Farrago, 2001.

Correspondance Cambridge, trad. fr. E. Rigal, Mauvezin, T.E.R., 2006.

L. Wittgenstein, Paul Engelmann, Lettres, rencontres et souvenirs, trad. fr. F. Latraverse, Paris, Éclat, 2010.

ÉTUDES

Les études sur l'œuvre de Wittgenstein se comptent par dizaines de milliers. Nous avons mentionné les commentateurs que nous utilisons le plus fréquemment.

BAKER (G.P.), *Wittgenstein, Mind and Will*, Oxford, Blackwell, 2000 (5 e éd., 1 re éd. 1996).

— and HACKER (P.M.S.), *Wittgenstein, Rules, Grammar and Necessity*, Oxford, Blackwell, 2000 (5 e éd., 1 re éd. 1985).

BLACK (M.), *A companion to Wittgenstein's TLP*, Cambridge, Cambridge University Press, 1964.

BOUVERESSE (J.), *Le mythe de l'intériorité*, Paris, Minuit, 1976.

– *La force de la règle*, Paris, Minuit, 1987.

CRARY (A.) and READ (R.), *The new Wittgenstein*, London-New York, Routledge, 2000.

MCGUINNESS (B.), *Wittgenstein, les années de jeunesse*, Paris, Seuil, 1991.

COMETTI (J.-P.), *Ludwig Wittgenstein et la philosophie de la psychologie*, Paris, P.U.F., 2004.

DIAMOND C., *L'esprit réaliste. Wittgenstein, la philosophie et l'esprit*, Paris, P.U.F., 2004.

GHODBANE (Y.), *Proposition et ressemblance de famille chez Wittgenstein*, Tunis, Édition du Patrimoine-Fac. Sc. Humaines et Sociales de Tunis, 2012.

MCGINN (M.), *Wittgenstein and the Philosophical Investigations*, London-New York, Routledge, 1997.

HACKER (P.M.S.), *Place in Twentith Century Analytic Philosophy*, Oxford, Blackwell, 1996.

HINTIKKA (J.) et Hintikka (M.), *Investigations sur Wittgenstein*, Liège, Mardaga, 1991.

JANIK (A.) et TOULMIN (L.), *Wittgenstein, Vienne et la Modernité*, Paris, P.U.F., 1978.

KROSS (M.) et RAMHARTER (E.) (dir.), *Wittgenstein übersetzen*, Paega, Wittgensteiniana 9, Berlin, 2012.

MULLIGAN (K.), *Wittgenstein et la Philosophie austro-allemande*, Paris, Vrin, 2012.

MALCOLM (N.), *Wittgensteinian Themes*, G. H.von Wright (éd.), Ithaca-London, Cornell University Press, 1995.

– *Wittgenstein. Un point de vue religieux ?*, trad. fr. M. Le Du, Paris, Éditions de l'éclat, 2014.

MONK (R.), *Wittgenstein*, trad. fr. A. Gerschenfeld, Paris, Flammarion, 2009 (1 re éd. Paris, Odile Jacob, 1993).

NEDO (M.), *Wittgenstein, Eine biographisches Album*, München, CH. Beck, 2012.

OUELBANI (M.) (dir.), *Cinquantenaire Wittgenstein*, Tunis, Université de Tunis, 2002.

PEARS (D.), *La pensée Wittgenstein*, trad. fr. C. Chauviré, Paris, Aubier, 1993.

PICHLER (A.), *Wittgensteins Philosophische Untersuchungen – Vom Buch zum Album*, Amsderdam-New York, Rodopi, 2004.

RHEES (R.), *Wittgenstein and the possibility of discourse*, D. Z. Phillips (ed.), Cambridge, Cambridge University Press, 1998.

SCHMITZ, (F.), Wittgenstein, *La philosophie et les mathématiques*, Paris, P.U.F., 1988.

VON SAVIGNY, (E.), *Der Mensch als Mitmensch*, München, DTV, 1996.

SEBESTIK (J.) et SOULEZ (A.) (dir.), *Wittgenstein et la philosophie aujourd'hui*, Paris, L'Harmattan, 2001.

TRAVIS (C.), *Les liaisons ordinaires*, Paris, Vrin, 2003.

WRIGHT (V.G.H.), *Wittgenstein*, Paris, T.E.R, 1986.

TABLE DES MATIÈRES

Achevé d'imprimer le 11 juin 2019
sur les presses de
La Manufacture - Imprimeur – 52200 Langres
Tél. : (33) 325 845 892

N° imprimeur : 190655 - Dépôt légal : juin 2019
Imprimé en France